Lieutenant GUILLAUME

Du 92ᵉ Régiment d'Infanterie

Conquête du Sud=Oranais

LA COLONNE D'IGLI EN 1900

(SOUVENIRS)

AVEC 3 CROQUIS DANS LE TEXTE

(Extrait du *Spectateur militaire*.)

PARIS

Henri CHARLES-LAVAUZELLE

Éditeur militaire

Rue Danton, Boulevard Saint-Germain, 118

(MÊME MAISON A LIMOGES)

Conquête du Sud-Oranais

LA COLONNE D'IGLI EN 1900

(Souvenirs)

Lieutenant GUILLAUME

Du 92ᵉ Régiment d'Infanterie

Conquête du Sud=Oranais

LA COLONNE D'IGLI EN 1900

(SOUVENIRS)

(Extrait du Spectateur militaire.)

PARIS

Henri CHARLES-LAVAUZELLE

Éditeur militaire

10, Rue Danton, Boulevard Saint-Germain, 118

(MÊME MAISON A LIMOGES)

PRÉLIMINAIRES

La campagne qui devait aboutir à la conquête des oasis sahariennes fut entreprise à la suite d'un incident, peu important par lui-même, mais gros de conséquences, et qu'il n'est pas inutile de relater dans cet ouvrage.

Une mission scientifique, ayant pour chef M. Flamand, professeur à la Faculté d'Alger, avait été organisée sous les auspices des ministres de l'instruction publique et des colonies, à l'automne 1899, dans le but d'explorer, au point de vue géologique, la région du Tadmaït. Elle était escortée par un goum d'une centaine de cavaliers, sous les ordres du capitaine Pein, des affaires indigènes, et, en outre, l'escadron de spahis sahariens du capitaine Germain devait la suivre à petite distance pour parer à tout événement.

Cette mission, toute pacifique qu'elle fût, jeta cependant l'alarme dans les tribus sahariennes qu'elle traversait. A son approche, les habitants d'In-Salah et des ksours environnants se rassemblèrent ; ils se portèrent à sa rencontre et, le 28 décembre, l'attaquèrent près d'Igosten. Le capitaine Pein, soutenu par les spahis sahariens qu'il avait appelés la veille à son aide, parvenait à bousculer les contingents ennemis, puis, continuant la poursuite sur In-Salah. réussissait à entrer par surprise dans la kasbah, grâce à la rapidité de sa marche.

Cependant il n'y avait encore là rien de décisif ; car, les jours suivants. les reconnaissances envoyées dans les environs signalèrent un soulèvement général, surtout du côté d'In-Rhar.

La campagne se trouvait donc engagée par un événement imprévu et dont il fallait subir les conséquences. La mission ne pouvait rétrograder, car tout recul eût été néfaste pour l'influence française, et. comme les forces dont disposait le capitaine Pein étaient insuffisantes pour faire face à un soulèvement général du pays, il fallait songer à les renforcer au plus tôt.

Colonne d'In-Rhar.

La première mesure prise par le gouvernement consista dans l'envoi à In-Salah du commandant Baumgarten, du poste d'El-Goléa, avec 120 tirailleurs et 100 goumiers. En même temps, on concentrait à El-Goléa, comme réserve, une forte colonne sous les ordres du lieutenant-colonel d'Eu, du 1er tirailleurs.

Cependant, l'effervescence continuait à gagner les tribus, et on signalait, vers In-Rhar notamment, de gros rassemblements. Or, les seuls pâturages de la région s'étendent à proximité de ce ksar, et nous en avions un besoin absolu pour nos animaux ; il fallait donc, coûte que coûte, s'emparer de ce point important.

Une première démonstration du commandant Baumgarten n'ayant pas réussi, on décida de faire partir la colonne qui venait de se concentrer à El-Goléa.

Cette colonne se mit en route le 24 février 1900. sous les ordres du lieutenant-colonel d'Eu ; elle arriva le 14 mars à In-Salah, et repartit le 17 pour In-Rhar qu'elle occupait le 19, après un combat acharné de plusieurs heures. Les jours suivants furent consacrés à la pacification des environs, et la colonne rentrait le 6 avril à In-Salah, l'expédition terminée.

Colonne du Gourara.

Dans les premiers jours du mois de mars, des émissaires envoyés au Gourara nous rapportèrent les renseignements suivants : les Bérabers, les Ghenanmas et les Doui-Ménia avaient reçu, du caïd du Tafilalet, l'ordre de prendre les armes contre les Français ; ils devaient marcher sur le fort Mac-Mahon et El-Goléa, commandés par le pacha de Timmimoun.

Pour s'opposer à cette incursion et profiter en même temps de l'impression profonde produite par le succès d'In-Rhar sur l'esprit des populations sahariennes, le gouvernement résolut de s'emparer de Timmimoun. Une forte colonne fut constituée à El--Goléa, sous les ordres du colonel Ménestrel, du 1ᵉʳ tirailleurs, et partit le 27 avril, pour le Gourara. Deux compagnies de la légion, commandées par le commandant Letulle, et envoyées de Géryville, vinrent la rejoindre à Tabelkosa, après une marche excessivement pénible à travers l'Erg. Le 26 mai, la colonne tout entière arrivait à Timmimoun, qui se soumettait sans résistance ; le pacha était en fuite.

Nous ne pousserons pas plus loin ce résumé succinct sur les opérations exécutées au Tidikelt et au Gourara. Après avoir mentionné seulement les sanglants combats de Sala-Métarfa (31 août 1900) et de Charouin (28 février 1901), où plusieurs officiers furent tués, nous allons voir ce qui se passait à la même époque du côté d'Igli et de la vallée de la Zousfana.

Colonne d'Igli.

Les opérations militaires dans le Sud-Oranais eurent pour point de départ la construction de la voie ferrée au delà de Djenien-bou-Resq. Elles consistèrent tout d'abord dans l'organisation d'une petite colonne destinée à protéger la commission d'études de ce chemin de fer ; puis elles prirent, quelques mois après, une extension beaucoup plus vaste, avec un but absolument différent. La question du chemin de fer fut reléguée au second plan et céda la place à une série d'opérations combinées avec celles que nous avons vu exécuter au Tidikelt.

La voie ferrée que nous avions construite au delà d'Aïn-Sefra avait pour but d'assurer le transport rapide de nos troupes en cas d'insurrection et aussi en cas d'opérations, si nos intentions concernant l'occupation du Touat se réalisaient. La ligne ne fut poussée tout d'abord que jusqu'à Djenien-bou-Resq ; mais, comme ce point terminus offrait des ressources insuffisantes en eau, on convint qu'il serait nécessaire de la prolonger ultérieurement jusque dans la vallée de l'oued Dermel, à Zoubia (Duveyrier) et plus loin si possible. Dans ce but, une colonne de protection de la mission d'études du tracé fut formée sous les ordres du commandant Brundsaux ; elle arriva à Zoubia le 10 février 1900.

On éleva en ce point une petite redoute en terre, puis on repartit le 20 février pour aborder la vallée de la Zousfana à Ksar-el-Azoudj, où la colonne arriva le 23, sans incidents.

Cependant, dans l'esprit de M. Laferrière, gouverneur de l'Algérie, cette colonne de protection avait un autre but ; car, dès le 9 février, et au moment où l'on décidait en haut lieu l'envoi de la colonne d'In-Salah, le gouverneur général soumettait au gouvernement des propositions officielles en vue d'une intervention immédiate au Touat. Cette intervention devait avoir lieu au moyen d'une action combinée de la colonne d'In-Salah et d'une seconde colonne qui partirait par la vallée de la Zousfana et Igli. Il proposait également un second projet consistant à faire remonter la colonne d'In-Salah par le Touat et le Gourara pour la réunir, à Igli, à celle de la Zousfana.

Le Ministre de la guerre sembla d'abord peu disposé à entrer dans ces vues ; puis, sur de nouvelles instances du gouverneur général, signalant en même temps que certaines tribus marocaines de la frontière cherchaient à s'installer dans la Zousfana et la Saoura, il fit connaître que la formation de la colonne d'Igli était accordée ; on constituerait, en outre, une autre colonne destinée à rester en observation devant Figuig. Par suite de cette décision, le détachement du commandant Brundsaux reçut l'ordre de remonter à Duveyrier, où il devait entrer dans la composition de la colonne d'Igli.

La colonne d'Igli et celle d'observation de Figuig furent constituées de la façon suivante :

COLONNE D'IGLI

Etat-major.

Commandant de la colonne : colonel Bertrand, du 1er étranger.

Officier adjoint : commandant Barthal, de l'état-major de la division d'Oran.

Un sous-intendant et un officier d'administration adjoint.

Deux officiers des affaires indigènes.

Deux interprètes.

Un payeur.

Un vétérinaire.

Troupes.

Un bataillon du 1er étranger (commandant Brundsaux).

Un bataillon du 2e tirailleurs (commandant Excelmans).

Un demi-escadron de spahis.

Un demi-escadron de chasseurs d'Afrique.

Une section de montagne (918 obus dont 206 à la mélinite).

Un détachement du génie (1 officier, 30 hommes).

Services.

Une ambulance.

Un détachement d'infirmiers.

Un détachement d'ouvriers d'administration.

Goum : 50 cavaliers.

Au total : 52 officiers, 1.826 hommes.

La colonne emportait avec elle trente jours de vivres et trois jours d'eau. Le convoi comprenait 2.800 chameaux.

COLONNE D'OBSERVATION DE FIGUIG

Commandant de la colonne : commandant Ducroiset, du 1ᵉʳ bataillon d'Afrique.

Deux compagnies du 1ᵉʳ bataillon d'Afrique.

Une compagnie montée du 1ᵉʳ étranger.

Un demi-escadron de chasseurs d'Afrique.

Un goum de 25 cavaliers.

Ces deux colonnes, rassemblées à Duveyrier, se mirent en route le 24 mars. Celle du commandant Ducroiset s'arrêta à Djenan-ed-Dar, choisi comme point d'appui pour surveiller Figuig ; l'autre s'engagea dans la vallée de la Zousfana, se dirigeant sur Igli, où elle devait arriver le 5 avril.

Dès la mise en marche de la colonne d'Igli, on s'occupa de la question de son ravitaillement en vivres pour une période de six mois. Le transport de ces vivres nécessita l'organisation successive de gros convois, qui, en raison de l'insécurité de la région, exigèrent des escortes dont l'importance les fit considérer comme de véritables petites colonnes. Du mois de mars au mois de décembre, la vallée de la Zousfana fut parcourue presque sans interruption par des troupes chargées d'accompagner ces convois et dont la mission fut toujours très pénible et souvent périlleuse.

On fit venir à cet effet plusieurs bataillons du Tell, pris en majeure partie au 2ᵉ tirailleurs, et c'est l'un d'eux que nous allons essayer de suivre dans ses pérégrinations, en faisant appel aux souvenirs toujours vivaces d'une campagne qui fut souvent pénible, mais aussi très féconde en sensations de toutes sortes.

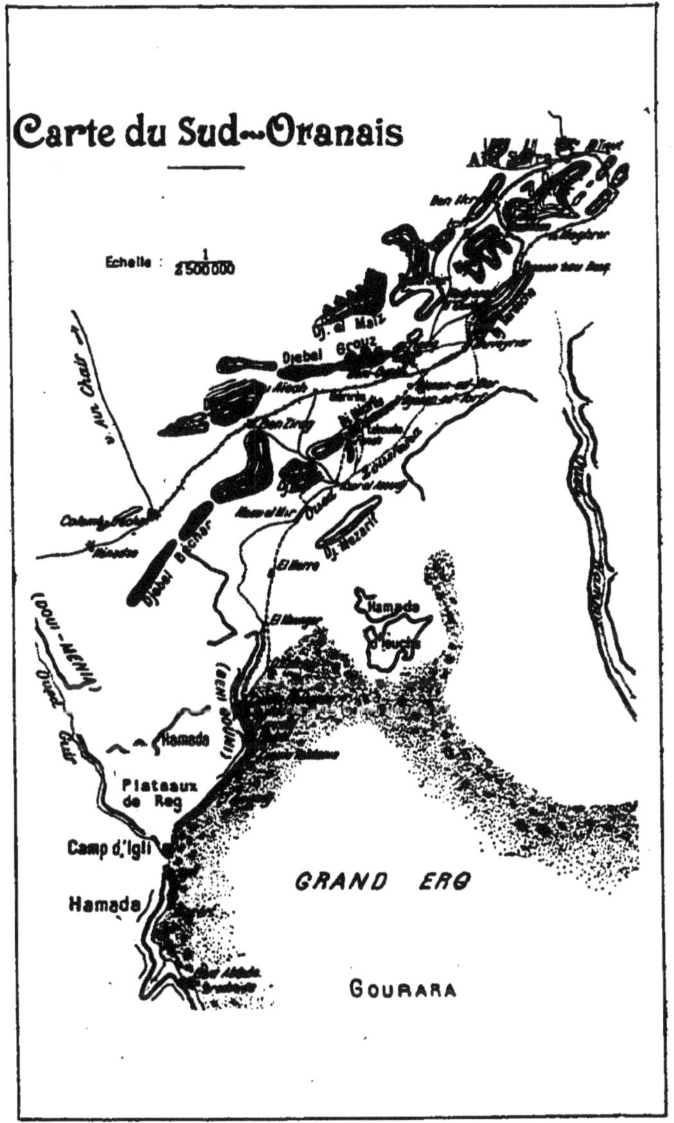
Carte du Sud-Oranais
Echelle : 1/2500000
Dj. a Maïz
Djebel Grouz
GRAND ERG
GOURARA
Hamada
Plateaux de Reg
Camp d'Igli
Hamada
Djebel Béchar
Hamada

Conquête du Sud-Oranais

LA COLONNE D'IGLI EN 1900

(Souvenirs)

I

Une bonne nouvelle.

Lorsqu'on visite Tlemcen pour la première fois et que, venant de la gare, on entre en ville par la rue de Bel-Abbès, l'attention est immédiatement attirée par de hautes murailles dont le tracé bizarre présente un étrange amalgame de courtines et de bastions. C'est l'enceinte de l'ancien Méchouar, jadis citadelle et palais des rois tlemcéniens, et qui, confrontant d'un côté à la campagne, protégeait autrefois le palais et formait le réduit de la défense.

De l'intérieur de cette véritable place forte il ne reste rien aujourd'hui : la mosquée a été transformée en chapelle, une petite tour assez élégante surmonte la principale poterne, et des bâtiments nouveaux, l'hôpital militaire, une caserne, la manutention, divers bureaux, une esplanade, occupent l'emplacement de la demeure souveraine et de ses jardins.

Le 25 mars 1900, jour où commence ce récit, la vieille

citadelle, où était caserné mon bataillon (le 1ᵉʳ du 2ᵉ tirailleurs), présentait un aspect inaccoutumé. Vers 8 heures du matin, un tirailleur de garde était venu me prévenir qu'une réunion des officiers avait lieu à la salle des rapports, et nous étions tous là, intrigués et flairant quelque grave nouvelle, lorsque le commandant, très ému, vint nous donner connaissance d'un télégramme officiel reçu à l'instant même : le bataillon était désigné pour prendre part aux opérations qui allaient s'effectuer dans l'Extrême-Sud ; un train spécial, partant le lendemain matin à 4 heures, devait le conduire directement à Aïn-Sefra où il serait mis à la disposition du général commandant la subdivision ; quelques prescriptions de détail suivaient sur les mesures de toutes sortes à prendre avant le départ.

Le bataillon devait être rassemblé, à 3 heures du matin, dans la cour du quartier.

A la sortie de la salle des rapports, ce fut une bousculade et une tempête d'enthousiasme, devenue bientôt générale dans le quartier, lorsque la nouvelle eut circulé de proche en proche. Enfin, on allait donc en goûter de ce Sud et de ces oasis sahariennes qui faisaient depuis si longtemps les frais habituels des conversations et où tendaient toutes les convoitises ! Et les tirailleurs eux-mêmes se laissaient aller à de bruyantes démonstrations d'allégresse à la pensée de pouvoir bientôt faire parler la poudre.

Quant à moi, je participais d'autant plus à la joie générale que, jeune sous-lieutenant à cette époque, j'étais à l'âge où l'imagination travaille et où on se laisse facilement empoigner par le mirage. C'étaient mes rêves qui prenaient corps, et je ne craignais plus qu'une chose, le contre-ordre toujours possible et d'ailleurs si fréquent. Un mois plus tôt, mon bataillon avait, dans les mêmes conditions, reçu l'ordre de se tenir prêt à partir à Oran, d'où il devait être embarqué pour Madagascar. C'était au moment où les Anglais commençaient, du reste avec si peu de succès, leur campagne du Transvaal; peut-être craignait-on de leur part un débarquement dans notre grande île du sud de l'Afrique pour racheter, par une conquête facile, leurs insuccès chez les Boers..... En tout cas, l'ordre avait été donné de préparer quatre bataillons (trois de tirailleurs et un de légion) et nous avions attendu huit jours, dans un état de fièvre et de surexcitation facile à comprendre, lorsque le fâcheux contre-ordre était arrivé : seuls les légionnaires partaient.

Cette fois, la chose semblait plus certaine, car déjà d'autres troupes avaient été dirigées vers le Sud, et nous savions que le colonel Bertrand, du 1er étranger, avec une forte colonne, était parti pour Igli.

Cependant, il n'y avait pas de temps à perdre, car 9 heures sonnaient à la vieille horloge de Méchouar. Déjà, le quartier s'emplissait de cris et d'un brouhaha indescriptible, et les corvées partaient de tous côtés pour les différentes distributions à des allures désordonnées offrant un singulier contraste avec l'indolence héréditaire du tirailleur. Jusqu'au soir, ce fut cette agitation et cette activité fiévreuse des veilles de départ que je devais connaître si souvent par la suite : préparation de la troupe, puis préparation personnelle, c'est-à-dire abandon du logement et déménagement.

Cette dernière opération est d'ailleurs peu compliquée en Algérie, où l'officier célibataire ne possède généralement comme mobilier qu'une immense malle, bourrée jusqu'au couvercle, qu'il fait transporter dans une chambre du quartier spécialement désignée.

Il fallait ensuite préparer les bagages ; tente, lit de camp, etc., et, comme j'avais négligé jusque-là de me procurer la confortable cantine d'Afrique, j'étais obligé de me contenter de la modeste petite cantine de France. Pauvre cantine ! J'étais loin de me douter alors que pendant onze grands mois elle constituerait mon unique garde-robe !

Enfin, à 6 heures du soir, tout était terminé ; j'étais paré, et c'est l'esprit délesté d'un grand poids et le cœur léger que je pus me rendre au cercle militaire, où les officiers de la garnison offraient aux partants le traditionnel apéritif d'honneur.

II

En route.

Le lendemain matin, à 3 heures, le bataillon était rassemblé dans la cour du quartier et, l'appel terminé, franchissait allègrement, malgré le demi-engourdissement de la nuit, la vieille poterne du Méchouar.

Le cadre en officiers avait la composition suivante :

Etat-major. — Dutartre, chef de bataillon ; Girardy, capitaine adjudant-major ; Chevron, médecin-major de 2ᵉ classe.

1ʳᵉ compagnie. — Parès, capitaine ; Marty et Rothenflue, lieutenants ; Mohamed Bel Djerba, sous-lieutenant indigène.

2ᵉ compagnie. — Bouvier, capitaine ; Loubet (1) et Vauclare, lieutenants ; Bel Bouri, lieutenant indigène.

3ᵉ compagnie. — Roquefère, capitaine ; Castella, lieutenant ; Guillaume, sous-lieutenant ; Yezid Affif, sous-lieutenant indigène.

4ᵉ compagnie. — Deffresine, capitaine ; Minel et Gambert, lieutenants ; Hassaïne, lieutenant indigène.

Le lieutenant Loubet était désigné pour remplir les fonctions d'officier payeur.

Au total : 19 officiers et 764 hommes.

Le train spécial nous attendait, complètement formé depuis la veille, et l'entassement commença dans les peu

—————————

(1) Tué en 1908 comme capitaine à Casablanca.

somptueux wagons de l'Ouest-Algérien. La gare présentait à ce moment un aspect des plus pittoresques : sur le quai, de nombreux officiers de la garnison, venus pour nous serrer une dernière fois la main, nous renouvelaient leurs félicitations et leurs vœux, et l'on sentait en eux une émotion mal déguisée, faite de tristesse et d'une pointe d'envie. A tous nous souhaitions de venir bientôt nous rejoindre ; mais c'est à peine si l'on pouvait s'entendre au milieu du vacarme qui remplissait la gare.

Dominant les bruits de conversations, c'étaient les commandements répétés de toutes parts, en français et en arabe, les cris et les appels des employés et les coups de sifflet de la manœuvre, auxquels se mêlaient les halètements pressés des deux machines du train spécial ; enfin, couvrant le tout d'une note aiguë et assourdissante, les lamentations et les pleurs des femmes arabes. Elles étaient là plus de trois cents, mères, sœurs et femmes de nos tirailleurs, entassées aux abords de la gare et tout le long des barrières d'un bout à l'autre du train.

Dans la nuit sombre, à peine rayée par les lanternes des wagons et du quai, leurs haïcks se détachaient en une longue traînée blanche d'où montait un horrible concert de cris, de rauques appellations et de plaintes désespérées.

Tout à coup, un bref coup de sifflet, et le train lentement se mit en marche. C'était fait, nous partions ; les derniers adieux s'échangèrent de part et d'autre ; les képis s'agitèrent sur le quai et aux portières pendant que la nouba du bataillon, rassemblée dans le wagon de tête, soufflait à perdre haleine la marche du régiment ; et la gare était loin déjà que nous entendions encore, couvrant nos refrains et nos clairons, la longue clameur désolée et les « you, you » des femmes arabes.

Pendant quelques minutes, on ne causa guère dans le wagon des officiers ; chacun se laissait aller à ses impressions particulières et à cette sensation d'ahurissement qui suit toujours un départ agité. Mais, peu à peu, les langues se délièrent : on parla d'abord de la longueur du trajet (nous ne devions arriver à Aïn-Sefra que le lendemain matin vers 10 heures), puis on essaya de deviner quel serait le rôle du bataillon dans les opérations qui venaient d'être entreprises. D'après les uns, nous allions prendre part à une vaste expédition dans le Gourara et le Touat, tandis que, pour d'autres, nous étions destinés à rester simplement en réserve à Aïn-Sefra.

A 7 heures, le train arrivait à Sidi-bel-Abbès, où il devait s'arrêter quelques minutes. Le colonel Billet, du 2ᵉ spahis, nous attendait sur le quai de la gare et gracieusement nous offrit une tasse de chocolat au buffet. Lui aussi enviait notre chance, sans de douter alors qu'il allait en avoir sa part et que, quelques mois après, il devait remplacer à Igli le colonel Bertrand, promu général.

Au départ de Bel-Abbès, la voie ferrée remonte vers le nord pour se relier, à Sainte-Barbe-du-Tlélat, à la grande ligne d'Oran à Alger. Pour aller dans le sud, il faut suivre cette ligne jusqu'à Perrégaux, où l'on trouve l'embranchement de la Franco-Algérienne qui, partant des bords de la mer, à Arzew, s'étend jusqu'à Djenien-bou-Resq, aux confins du Sahara. Par la suite, cette ligne, vendue à l'Etat, a été prolongée dans l'ouest vers Colomb-Béchar.

Perrégaux possède deux gares assez distantes l'une de l'autre, la première appartenant au P.-L.-M. et la seconde à la ligne du Sud. Il était près de midi lorsque le bataillon arriva. Un long repos de trois heures avait été prévu dans l'horaire pour permettre aux hommes de préparer un repas et d'opérer le transbordement du matériel et des chevaux, car en changeant de ligne nous changions également de train. Rapidement la répartition du travail fut faite : les uns aux corvées, les autres aux cuisines, dans le terrain inculte à mi-chemin des deux gares où l'on avait formé les faisceaux, et nos tirailleurs, en gens habitués au plein air, firent comme d'habitude des merveilles : dix minutes après l'arrivée, les feux flambaient de toutes parts et l'eau chantonnait dans les marmites.

Un peu avant 3 heures, nous étions embarqués de nouveau et nous filions cette fois directement vers le Sud ; aussi c'était une joie débordante dans le wagon des officiers, et les esprits, échauffés encore par un repas copieux, se laissaient aller aux divagations d'un fol enthousiasme ; tandis qu'à l'avant, tout en tête du train, les noubistes, ranimés eux aussi par un repos de quelques heures et un bon « cahoua » bien sucré, manifestaient leur joie par un concert infernal. Jusqu'à la nuit tombante, ce fut dans leur wagon une débauche de musique insensée, où le grondement des tambours et des « tebels » se mêlait à la note aiguë des « reïtas » et à l'éclat des clairons ; et les nombreux Arabes que nous apercevions dans le voisinage des douars restaient ahuris dans leurs grands burnous et comme figés au passage de ce train fantastique.

La nuit arriva bientôt et, avec elle, cette sensation d'engourdissement, de vide qui étreint le voyageur lorsque le paysage s'efface peu à peu dans la portière, et qu'il s'anéantit sans pensée dans les secousses et les trépidations du train.

De toute cette partie du voyage, il ne me reste qu'une impression vague de torpeur et de demi-sommeil, avec, cependant, le clair souvenir d'un arrêt de quelques minutes à la gare de Saïda, où les officiers du 2ᵉ étranger étaient venus nous saluer au passage, pendant que leur musique, réunie sur le quai, lançait à tous les échos de la ville les notes entraînantes de la marche du 2ᵉ tirailleurs ; puis, plus tard dans la nuit, la respiration haletante et pressée de nos deux machines se traînant péniblement sur la longue rampe qui accède aux Hauts-Plateaux.

A partir de ce moment, d'ailleurs, le train entier s'éveilla. Nous entrions dans la zone des hautes altitudes, et la température, devenue brusquement glaciale, détirait les membres et secouait les engourdissements ; aussi grelottions-nous atrocement en arrivant au Kreider, vers 3 heures du matin. Heureusement nous avions là une demi-heure d'arrêt, et les camarades du 1er bataillon d'Afrique nous avaient préparé un excellent café dans la salle de leur cercle, contigu à la gare.

Une seule compagnie occupait alors la redoute ; le reste du bataillon étant déjà égrené dans le Sud, et nos pauvres officiers de joyeux maudissaient la malchance qui les maintenait là, loin des opérations et des combats futurs.

Le Kreider est une des curiosités de la province d'Oran, et nous déplorions tous de ne pouvoir le visiter en passant ; mais cette bonne fortune nous fut ménagée au retour. Le poste, dont la tour couronnant une butte, forme le centre d'un immense horizon, est la merveille du pays, non pas par lui-même, mais par le prodigieux labeur que sa création a coûté. Son emplacement fut choisi en 1882, comme point d'eau important, grâce à une source belle et abondante perdue dans un petit marécage.

On a capté la source et construit des baraquements ; puis le 1er bataillon d'infanterie légère d'Afrique a transformé cette solitude grâce à son travail et à ses soins. Maintenant, la source jaillit au milieu d'une ravissante pièce d'eau pure, profonde et poissonneuse.

Plus bas, se trouve un grand bassin maçonné servant de piscine que borde un pavillon de repos, long, peu élevé, très blanc, surmonté de terrasses. De l'autre côté de la source est construite une ferme qu'entourent de grands potagers et un beau parc. A force d'irrigations, on est parvenu à débarrasser le sol des sels magnésiens qui le rendaient impropre à la culture, puis des engrais l'ont fertilisé. Néanmoins, la plupart des arbres n'atteignent ni une grande hauteur, ni un âge très avancé ; après une poussée rapide, leurs cimes s'étiolent, se dessèchent et meurent.

De nouveau, le convoi nous entraînait dans le Sud à toute vapeur, en longeant l'immense chott El-Chergui noyé en partie dans l'obscurité et probablement à sec comme d'habitude, mais dont les bords nous apparaissaient, à travers la nuit, comme pailletés d'innombrables cristaux blancs. La voie ferrée le cotoie sur un très long parcours, et nous l'avions à peine laissé derrière nous que les premières clartés du jour, chassant les ténèbres, nous permettaient enfin de jeter un coup d'œil sur le pays bizarre que nous traversions.

Je devais, trois ans plus tard, le parcourir à pied, étape par étape, et j'ai gardé de ces longues journées de route un souvenir précis autrement durable que l'impression fugitive ressentie en chemin de fer.

Les Hauts-Plateaux sont des steppes venteuses, brûlantes en été et neigeuses en hiver. Quelques sources s'y rencontrent, mais pas une rivière. En les franchissant pour la première fois, on éprouve une prodigieuse tristesse. De solitude en solitude, la lande s'allonge indéfiniment, avec des ondulations à peine sensibles. D'abord on essaie de prendre patience ; on espère que derrière le pli de terrain fermant l'horizon se montrera quelque aspect nouveau ; mais non, à ce pli en succède un autre, puis un autre encore. Nul arbre n'apparaît, presque nulle broussaille ; mais, sur le sol sableux poussent, toujours un peu séparées les unes des autres, d'innombrables touffes d'alfa, sorte de graminée herbacée haute de 50 à 60 centimètres.

L'alfa, considéré seulement naguère comme un fourrage médiocre, sert maintenant à fabriquer du papier, des cordes, des nattes, des objets de vannerie. Chaque année, l'Algérie en vend pour 6 ou 7 millions de francs. Remarque singulière : si l'on jette une allumette sur une touffe d'alfa, les feuilles sèches, toujours nombreuses, s'enflamment et brûlent avec beaucoup de fumée ; le feu gagne très vite les premières touffes voisines, puis s'éteint de lui-même.

Tous les Algériens savent cela ; mais les voyageurs novices, dès qu'ils aperçoivent quelques touffes flambantes, s'effraient à l'idée que la plaine entière va s'embraser.

Vers 7 heures du matin, nous arrivions à Méchéria, notre dernier arrêt avant le terme du voyage. Méchéria, situé au pied du djebel Antar, gros bloc montagneux qui émerge de la plaine d'alfa, est une vaste redoute enclavant dans ses murs beaucoup de pavillons bas et symétriquement disposés.

Naguère on chassait dans cette région la gazelle, le mouflon, la panthère, voire l'autruche, disait-on. Aujourd'hui, il faut se contenter le plus souvent de perdreaux et de lièvres encore assez nombreux. Les gazelles et les mouflons sont devenus très rares ; quant aux autruches, elles ont fui vers le Sud, si loin, si loin, que nul ne saurait dire où elles se sont arrêtées !

Au delà de Méchéria, le pays change insensiblement d'aspect. Peu à peu, il se plisse, se boursoufle, s'accidente. L'alfa, devenue rare, fait place aux broussailles ; quelques arbres rabougris apparaissent çà et là. Nous arrivons aux montagnes des ksours (1) situées entre les Hauts-Plateaux et la région saharienne. Ce sont des hauteurs escarpées et rocailleuses, dominant des vallées au sol finement sableux, parsemé de cailloux. Sur certains points, les vents tourbillonnants ont accumulé les sables en dunes hautes et épaisses, perpétuellement muables.

Les rivières, les « oued », selon l'expression arabe, sont des torrents aux larges lits, presque toujours desséchés à la surface, mais conservant d'ordinaire un cours souterrain dont les forages retrouvent l'eau à une faible profondeur.

Vers 10 heures, notre train s'arrêtait enfin à la gare d'Aïn-Sefra. Le général de Saint-Germain, commandant la subdivision, nous attendait sur le quai, ainsi qu'un grand

---

(1) *Ksour* est le pluriel de *ksar*, qui veut dire « village fortifié ».

nombre d'officiers de la garnison, zouaves, spahis, chasseurs d'Afrique, artilleurs, etc.

Le débarquement s'effectua rapidement et, une heure plus tard, le bataillon commençait à s'installer dans une des vastes casernes laissées libres au départ de la colonne d'Igli.

III

Aïn-Sefra.

A 4 heures, les officiers du bataillon étaient réunis à la subdivision pour la visite officielle au général. Celui-ci, malgré le gros travail qui le surmenait depuis quelque temps et les soucis de toute sorte qui le tracassaient, nous reçut fort aimablement. Après quelques mots de bienvenue, il nous mit au courant de la situation et nous parla des opérations engagées dans les deux provinces. On ne savait pas encore quel serait le rôle exact de la colonne d'Igli, et si elle aurait à continuer sa marche sur le Touat pour s'y relier à la colonne du Tidikelt, ou bien si elle attendrait simplement que celle-ci vînt la retrouver en remontant la Saoura. En tout cas, elle servirait : pour le présent, à protéger nos colonnes du Touat et du Gourara contre les entreprises possibles des tribus pillardes, Berabers et Doui-Menia entre autres, coutumières d'exercer au loin leurs déprédations ; pour l'avenir, à couper la route allant du Maroc aux grandes oasis sahariennes.

La colonne avait quitté Aïn-Sefra le 18, c'est-à-dire depuis neuf jours, et le général se montrait assez inquiet de ne pas avoir encore reçu de ses nouvelles. Il venait d'apprendre par des émissaires que les Doui-Ménia avaient l'intention d'attaquer la colonne au passage des Beni-Goumi, vers Taghit, et ce bruit était également confirmé de façon indirecte par le vieux marabout Bou-Amama, notre ancien ennemi ; celui-ci l'engageait vivement, dans un message adressé au commandant Ducroiset, commandant de la colonne d'observation de Figuig, à éviter les ksours de ces tribus.

Quant à nous, le général nous annonça qu'il allait nous mettre prochainement en route ; il fallait en effet songer au ravitaillement, peut-être aussi au renforcement de la colonne d'Igli, et des approvisionnements énormes commençaient à s'accumuler dans les murs de la redoute. Les chameaux également arrivaient de toutes parts vers le point de concentration, et, comme nous sortions de la subdivision, nous en aperçûmes, par-delà le village, une longue file qui dévalait les pentes à l'horizon.

Les premiers jours se passèrent dans le repos le plus complet, mais aussi avec la fièvre de l'attente. Chaque matin, nous allions chercher les nouvelles au bureau arabe chargé des renseignements, avec l'espoir que nous allions apprendre notre prochain départ ; et, comme il n'arrivait toujours rien, nous consacrions le reste de la journée à la visite du village et des environs.

Ces promenades, d'ailleurs, n'avaient rien de désagréable ni de monotone, non que la ville soit intéressante par elle-même, mais parce que ses alentours renferment de nombreux points d'excursion.

Aïn-Sefra est un bourg moderne d'aspect villageois avec une assez belle place, sept ou huit rues courtes et droites et quelques boutiques aux assortiments variés. Un oued, généralement à sec ou réduit à une rigole servant d'égoût, sépare le bourg de la redoute et du vieux ksar, bâtis près de sources abondantes, au pied d'un énorme bourrelet de sable fin, dominé lui-même un peu en arrière par des hauteurs escarpées. Au faîte de ce bourrelet, sur la crête d'une arête rocheuse, apparaît un petit blockhaus aujourd'hui abandonné.

Naguère, la dune d'Aïn-Sefra, accrue par chaque tempête de sirocco, menaçait d'engloutir le ksar et la redoute ; maintenant, grâce à l'apport de nombreuses couches de fumier, on est parvenu à faire pousser des végétaux qui fixent le sable, puis à créer, entre la dune et le ksar, un véritable petit bois d'acacias, de lauriers-roses, de pins, de peupliers, de figuiers. Il est bien misérable, bien rachitique, ce boqueteau ; néanmoins, c'est un immense plaisir de s'y promener et d'y trouver de l'eau et un peu d'ombre. L'énorme masse jaune de la dune, haute d'une centaine de mètres, longue de 12 à 15 kilomètres, large de 2 ou 3, produit la plus singulière impression. Est-ce joli ? Est-ce laid ? On ne saurait le dire, mais c'est original, et l'aspect en devient tout à fait pittoresque le soir, quand les teintes safranées du sable se nuancent, au soleil couchant, de reflets rouges et violets.

La redoute contient de très belles casernes et un petit cercle militaire précédé d'un beau jardin. Les casernes d'Aïn-Sefra, entourées de galeries à la mode orientale et décorées de faïences, sont une des rares adaptations heureuses du style arabe à des constructions modernes.

A 17 kilomètres d'Aïn-Sefra, dans une dépression de la vallée, se trouve le ksar de Tiout, très séduisant d'aspect avec ses murs de terre rouge, tachés de blanc par le minaret de la mosquée. Des sources, situées à 1.000 mètres en amont du village, remplissent d'abord un bief qui alimente plusieurs rigoles d'irrigation. Le surplus des eaux, franchissant le réservoir formé par une digue de rochers, coule en filets minces sur un lit très large, puis se perd dans le sable. Une jolie palmeraie entoure le bief et se prolonge vers le ksar.

Des roseaux fleuris, de grosses touffes de jonc, des fers-de-lance encombrent le lit de la rivière et envahissent les bords jusqu'aux murs qui closent les jardins. Le rouge de la terre et le vert des palmes sont les deux couleurs fondamentales du tableau. C'est le paysage oriental typique, classique, attendu.

Non loin du ksar, se dressent les célèbres « Pierres écrites ». Ce sont des rochers de grès rouge, couverts à la surface comme d'un enduit noirâtre, résultat de quelque lente oxydation. Sur leurs parois, taillées perpendiculairement par la nature, sont gravés une suite d'étranges dessins parmi lesquels se distinguent des hommes, des femmes, des animaux de race bovine, des éléphants, des cerfs, des lions, des chiens, des rhinocéros, des autruches. On a beaucoup discuté sur l'origine de ces dessins. Ils ne datent assurément pas de la domination musulmane, puisqu'ils auraient été une violation des lois de Mahomet. Certains érudits prétendent qu'ils sont l'œuvre de peuplades préhistoriques (1) et notent à l'appui de cette opinion le sens symbolique de diverses attitudes. D'autres les font remonter à l'époque romaine. Enfin, quelques incrédules les attribuent tout simplement à des soldats français facétieux.

. . . .

Nous ne devions pas faire un long séjour à Aïn-Sefra. Le 29 mars, deux compagnies du bataillon, les 1re et 2e, reçurent l'ordre de partir le lendemain : la 1re à Duveyrier et la 2e à Djenan-ed-Dar. Etant donnée la situation de ces postes à proximité de Figuig, l'autorité militaire avait jugé à propos de les renforcer.

Deux jours après, ce fut au tour de ma compagnie à plier bagage ; nous devions aller occuper la redoute de Djenien-bou-Resq, point terminus de la voie ferrée, à 65 kilomètres au sud d'Aïn-Sefra, et la 4e compagnie restait seule dans ce dernier poste avec l'état-major du bataillon.

La nouvelle de ce départ fut une joie pour nous ; car, si Djenien n'était pas un poste plus important ou plus dangereux qu'Aïn-Sefra, c'était toujours un nouveau pas dans l'inconnu, une nouvelle étape vers les régions où nous pensions qu'il allait se passer quelque chose.

----

(1) G.-B.-M. Flamand, *Les Pierres écrites.*

La route est plutôt difficile entre Aïn-Sefra et Djenien, séparés par la haute chaîne de l'Atlas. Tandis que la voie ferrée, par un long détour vers l'est, franchit la montagne presque sans difficulté dans une large trouée, la route file directement au sud en escaladant les rampes rocailleuses du col de Founassa. Les détachements qui vont d'Aïn-Sefra à Djenien font généralement trois étapes : pendant la première, c'est la montée ardue, éreintante où les jarrets s'ankylosent dans un effort exagéré, interminable ; à la seconde, ils suivent les hautes altitudes du col, et la troisième est employée tout entière à descendre jusqu'à la grande plaine où l'on trouve Djenien.

Il y avait sans doute urgence à hâter notre arrivée dans ce poste, car l'ordre de départ portait que nous devions y être rendus en deux jours, et ce fut d'une belle allure que la compagnie grimpa les pentes de l'Atlas, dont les sommets nous apparaissaient encore couverts de neige. On dressa les tentes pour la nuit près d'un vieux caravansérail situé au sommet du col ; mais bien peu d'entre nous purent fermer l'œil, sous la frêle enveloppe de toile, tellement la température était glaciale en ces hautes régions et à cette époque de l'année. Le lendemain matin, la sonnerie du réveil nous surprit tous autour des foyers de cuisine allumés de bonne heure, et je revois encore mes pauvres tirailleurs, grelottants et blêmes sous la lueur des feux, essayant vainement de rouler sous leurs doigts crispés les toiles de tente durcies et raidies par la gelée !

Enfin nous n'avions plus qu'à descendre en suivant l'interminable sentier à lacets qui serpente entre deux murailles de rochers. Pays sauvage et désolé s'il en fut, sans aucune végétation, cette région de l'Atlas ne manque cependant pas de grandeur. A chaque instant, des sites curieux attirent le regard et retiennent l'attention : crevasses profondes et à pic, sommets élevés aux arêtes vives et follement découpées, repaires des aigles et des vautours dont

les bandes nombreuses planent et tourbillonnent indéfiniment. C'est aussi la région des panthères, et nous avions
depuis le départ le vague espoir d'en saluer une de quelques
coups de fusil, mais rien ne se montra ; lorsque nous arrivâmes à Djenien, vers le milieu du jour, nous n'avions
aperçu qu'un troupeau de mouflons hors de portée, sur les
dernières pentes.

IV

Djenien-bou-Resq.

Quelques kilomètres avant d'arriver à Djenien, à l'endroit où la route sortie des montagnes, rencontre l'arc de cercle formé par la voie ferrée, on commence à apercevoir le poste. C'est d'abord le village, constitué par quelques maisons basses dans une dépression du terrain. Un peu à droite, une grande construction, entourée d'arbres nouvellement plantés, décorée avec goût et surmontée d'un petit belvédère, surprend le regard par son demi-luxe au milieu de ce désert grisâtre. C'est le bureau arabe, c'est-à-dire la résidence des officiers des affaires indigènes.

A gauche du village et à 200 mètres à peine, sur une petite éminence, se dresse la redoute carrée, massive avec ses deux bastions, au-dessus de laquelle flotte le drapeau tricolore. Un peu en arrière, caché aux trois quarts par le mamelon, s'étend un petit bouquet de palmiers dont on aperçoit les têtes les plus élevées se détachant nettement sur l'horizon clair, à hauteur des toits de la redoute.

Ce minuscule coin de vie, apparaissant tout à coup au milieu du paysage mort qui l'entoure, semble une chose oubliée et perdue là, dans l'immense plaine rocailleuse et aride, coupée de mamelonnements et de crevasses, et comme secouée par les derniers contreforts de l'Atlas.

Le poste, occupé précédemment par un peloton du 1er bataillon d'Afrique, était abandonné quand nous arrivâmes, par suite de l'envoi de ce peloton à la colonne d'observation de Figuig. Seuls, un médecin aide-major, le docteur

Roland, et un officier d'administration, **M.** Duclou du Teillol, nous attendaient, ainsi que le portier-consigne chargé du matériel et des munitions.

L'installation fut rapidement faite : un peloton dans la redoute, qui n'en pouvait contenir davantage, et l'autre en dehors, sur la face est, abrité sous des grandes tentes ; ces deux fractions devaient alterner par semaine pour l'occupation de la baraque. Chaque officier avait sa chambre ; en outre, une petite salle séparée, contenant une bibliothèque où l'on pouvait compter une cinquantaine de volumes, servait de lieu de réunion.

L'impression première était bonne. Chacun disposa son petit matériel avec le vague sentiment qu'on ne s'ennuierait pas trop dans ce coin perdu et privé cependant de toute distraction, mais où nous ne comptions d'ailleurs séjourner que quelques jours.

Sa première visite fut pour la palmeraie et le jardin potager, très bien entretenu, qui la prolonge du côté du village. L'endroit est fort coquet et l'on s'y croirait par instants dans une véritable oasis. Les palmiers, très beaux et très touffus, abritent sous leur ombre une source abondante et limpide qui alimente un canal étroit serpentant entre les touffes d'arbres, jusqu'au jardin qu'il arrose en toute saison. Aussi ce jardin est-il très fertile, et, avec un peu d'entretien, on peut en retirer les légumes nécessaires à la garnison du poste.

Les soldats du bataillon d'Afrique, toujours ingénieux, ont construit sur le canal, en son endroit le plus large, une passerelle en bois artistement confectionnée, et s'appuyant de chaque côté à une épaisse touffe de palmiers dont les branches se croisent en forme de voûte. C'est un coin charmant plein d'ombre et de fraîcheur et d'où l'on n'aperçoit que l'eau transparente et le vert des palmes. J'ai vécu là des heures bien agréables aux jours de grande chaleur !

Tout près de cette passerelle s'élève une sorte de grand pigeonnier carré, très haut, blanchi à la chaux et construit en style arabe, avec une petite coupole au sommet. De loin, à travers les arbres, on croirait voir le minaret de quelque mosquée.

De l'extrémité du jardin, bordé d'un petit mur en pierres sèches, que l'on peut franchir aisément, on aperçoit les premières maisons du village, à 50 mètres. Elles ne sont pas nombreuses — une douzaine en tout — alignées de chaque côté d'une rue raboteuse, et l'air sale avec leurs toitures basses, leurs murs non crépis et déjà lézardés.

Il y avait là, à cette époque, un boucher, deux épiciers-buralistes et un cantinier. Ces gens, pour l'instant, vivaient misérablement, se contentant de peu, dans l'espoir que les opérations qui commençaient et les troupes qui accouraient de toutes les parties de la province, allaient leur ouvrir des débouchés nouveaux et décupler leur commerce ; et cet avant-goût de la curée prochaine devait se répandre au loin, car, pendant des mois, nous allions en voir arriver chaque jour de ces mercantis besoigneux et affairés ; quelques-uns honnêtes, mais pour la plupart fourbes et rapaces, s'installant sommairement sous quelques planches pour débiter leurs marchandises, et déménageant instantanément pour s'enfoncer plus loin encore, toujours plus loin, dès qu'ils apprenaient qu'un nouveau poste s'offrait à leur activité. Il faut reconnaître d'ailleurs que certains nous ont rendu de grands services, et quelques-uns d'entre eux ont rapidement fait fortune.

Les autres maisons du village étaient occupées en partie par les ouvriers employés à la construction du chemin de fer. La voie ferrée, complètement terminée jusqu'à Djenien, s'arrêtait à la gare dont on commençait à creuser les fondations, à 200 mètres au nord du village ; à partir de ce point, les travaux, repris depuis quelques mois, entretenaient une activité de fourmilière entre la redoute et le village où devait passer la ligne ; activité qui s'étendait sur plusieurs kilomètres vers le sud, dans la direction de Duveyrier.

. . . .

Quinze jours s'écoulèrent, monotones et cependant sans ennui, dans cette calme retraite de cénobite. Matin et soir nous faisions un peu d'exercice, avec, à l'occasion, quelques services en campagne ou marches militaires pour maintenir intact le bon entraînement de nos hommes. Le reste de la journée était employé à la chasse, peu fructueuse d'ailleurs dans ce pays desséché et complètement aride, ou bien, plus simplement, nous allions constater les progrès accomplis aux travaux du jardin et de la voie ferrée.

Si les environs étaient pauvres en gibier, en revanche les scorpions pullulaient ; il en nichait sous chaque pierre, et Dieu sait si elles sont nombreuses dans cette région pavée de cailloux et de rochers ! Heureusement nous n'en trouvâmes jamais de noirs ni de gris ; ils appartenaient tous à l'espèce jaune, c'est-à-dire la moins dangereuse.

Un jour, comme je sortais de notre salle de réunion en compagnie du docteur et de mon camarade Castella, celui-ci en aperçut un dormant tranquillement à l'ombre d'une pierre, tout près de la porte. C'était le premier qui s'avisait de pénétrer dans l'intérieur de la redoute, et nous décidâmes immédiatement d'en profiter pour tenter la petite expérience suivante : doucement, pour ne pas l'effrayer, on l'entoura d'un cercle de papier auquel un de nous mit le feu de plusieurs côtés à la fois. Réveillé par le pétillement du papier qui brûlait et par la chaleur de la flamme, notre scorpion chercha immédiatement à fuir, mais ce fut en vain ; partout il trouva devant lui une barrière de feu infranchissable. Désespérant alors de s'échapper, et voulant sans doute en finir plus vite, nous vîmes à un moment sa longue queue effilée se dresser en l'air et le piquer à la tête, et il resta là sur place, tué presque instantanément, après quelques brèves convulsions.

. . . .

Le 9 avril, on apprit que la colonne Bertrand était arrivée à Igli le 5. Les six mokhrazenis qui apportaient la nouvelle avaient donc parcouru en quatre jours la distance énorme (280 kilomètres environ) qui nous séparait de ce poste, et ils repartaient le même jour pour Aïn-Sefra, où ils devaient remettre au général le rapport du colonel Bertrand.

Vers la même époque, d'autres nouvelles circulèrent : le gouvernement chérifien, croyant, paraît-il, son territoire menacé, commençait à s'émouvoir de ces colonnes et de tous ces mouvements de troupes. D'après des bruits en cours, on lui prêtait l'intention de concentrer des forces près de la frontière et d'y élever des fortifications ; un incident qui se passa alors tout près de nous sembla confirmer dans une certaine mesure ces renseignements pessimistes. Un jour, un pacha marocain, accompagné de 20 soldats réguliers, vint établir son campement en face d'Aâjerat-M'Guil, poste situé à 17 kilomètres de Djenien, sur la route de Duveyrier, et occupé alors par une section du 2ᵉ zouaves. Il s'était installé à 300 mètres environ du poste, sur la rive marocaine de l'oued Dermel, petit ruisseau qui sert de frontière, et, à une observation que lui faisait le lieutenant commandant le poste, il répondit de façon arrogante qu'il resterait là tant que cela lui plairait, conformément à l'ordre du sultan. Il n'y resta d'ailleurs que vingt-quatre heures et s'éloigna ensuite dans la direction de Figuig.

Cependant, l'impatience commençait à nous gagner, à

mesure que le temps s'écoulait, et cet incident, ajouté aux divers autres faits colportés par les courriers, tels que attaques de nuit assez fréquentes contre les postes de Djenan-ed-Dar et de Duveyrier, ne pouvait qu'entretenir et exalter l'état de nervosité qui s'emparait de nous de plus en plus chaque jour.

Nous étions à Djenien depuis trois semaines déjà, et pas un indice qui pût nous faire prévoir un départ plus ou moins prochain. Notre belle assurance des premiers jours nous abandonnait peu à peu pour faire place à une vive inquiétude et à un état d'apathie difficile à secouer avec les maigres distractions du poste. Heureusement un petit incident allait changer pour quelques jours le cours de nos idées.

Un matin, un tirailleur de garde vint nous avertir que, pendant sa faction de la nuit, il avait vu rôder, près des feux éteints des cuisines en plein air, un animal qu'à sa silhouette toute spéciale il avait reconnu être une hyène. Seule, la crainte de causer une alerte l'avait empêché de tirer un coup de fusil sur ce promeneur nocturne.

Il y eut une minute d'émotion. Mais nous restions cependant un peu sceptiques, lorsque notre jardinier éploré vint rendre compte que le jardin était sillonné de traces bizarres et d'empreintes qu'il ne parvenait pas à déterminer.

L'affaire devenait intéressante.

Une hyène, en effet, n'est pas un gibier ordinaire, et, si nous étions habitués à la présence des nombreux chacals qui infestent les environs des postes, non seulement dans le sud mais même dans les régions habitées du Tell, en revanche nous n'avions jamais eu l'occasion, ni les uns ni les autres, de voir, ailleurs que dans les ménageries, le hideux carnassier qui nous était signalé.

Cependant, il fallait prendre une résolution quelconque, et nous décidâmes immédiatement, Castella, le docteur et moi, que nous allions dès le soir même nous mettre à l'affût. Le jardin était tout indiqué pour cela, étant donné le voisinage de la palmeraie où nous pourrions facilement trouver un abri ; de plus, comme la hyène y avait passé déjà la nuit précédente, il était probable qu'elle y reviendrait, et, pour achever de la décider, je m'offris à procurer dans la soirée les entrailles d'un mouton qui nous serviraient d'appât.

La journée nous parut longue et c'est avec un léger battement de cœur que nous sortîmes de la redoute, vers 8 heures du soir, pour nous glisser comme des ombres dans la palmeraie. Là, chacun se dissimula de son mieux derrière une belle touffe de palmiers repérée à l'avance.

Il n'y avait pas de lune, mais la nuit était claire cependant sous le ciel constellé d'étoiles. Nous pouvions distinguer à travers le feuillage, le carré du potager qui nous faisait face, et, à 10 mètres de nous environ, la tache sombre de l'appât que j'avais fait déposer là.

La faction commença, facile d'abord, puis longue et horripilante à mesure que les heures s'écoulaient. Chacun de nous avait un fusil d'ordonnance, au guidon soigneusement enduit de phosphore, avec un paquet de cartouches, et nous attendions immobiles et sans dire un mot, accroupis contre les troncs de palmiers, dans des postures incommodes et horriblement fatigantes. Aucun bruit dans la campagne déserte ; la redoute et le village semblaient morts, et dans cette solitude et ce calme, le moindre souffle de vent dans les branches nous faisait nerveusement dresser la tête.

De la hyène, pas le moindre indice ; seuls quelques glapissements de chacals troublaient de loin en loin le silence, et il était à peine minuit quand nous nous décidâmes à rentrer, harassés et furieux, les yeux papillotants et hagards à force d'avoir fouillé l'obscurité.

Le lendemain matin, les entrailles de mouton avaient

disparu et de nouvelles traces labouraient le jardin en tous sens. Nous ne pouvions rester sur cet échec, d'autant plus que les camarades ne nous ménageaient pas les plaisanteries, et la partie fut remise à la nuit suivante.

Cette fois nous étions décidés à nous armer de patience, et à passer la nuit au besoin ; mais on convint cependant qu'il fallait y aller plus tard que la veille, pour ne pas se fatiguer inutilement. Je fis mettre en place un nouvel appât, et le soir, à 10 h. 1/2, nous reprenions notre affût derrière les palmiers. Le boucher auquel je m'étais adressé nous avait merveilleusement servi ce jour-là, car notre appât dégageait une odeur *sui generis* qui n'était pas sans nous incommoder quelque peu, mais qui devait être capable de flatter agréablement l'odorat de la hyène si ses instincts l'attiraient de notre côté.

Jusqu'à minuit rien ne bougea. L'attente commençait à nous sembler longue, mais personne n'en soufflait mot, tellement nous étions décidés à ne pas lâcher prise ; et je me vois encore raidi et collé contre le tronc du palmier, le doigt en avant de la détente, le canon de mon arme appuyé sur une branche ; le moindre bruit me faisait dresser la tête et tendre l'oreille, et mes yeux étaient si bien habitués à l'obscurité que je voyais devant moi les détails du jardin presque comme en plein jour.

Soudain, vers la gauche, à l'opposé du village, un affreux concert de hurlements éclata, presque immédiatement suivi d'un long cri bizarre, sorte de ricanement lugubre, auquel il n'y avait pas à se tromper : c'était la hyène, dont l'apparition venait de mettre en fuite une troupe de chacals rôdant dans les environs. Une secousse nerveuse comme un coup de fouet nous avait cinglés des pieds à la tête, et nous attendions, les doigts crispés sur nos armes, lorsqu'un second ricanement, plus sinistre encore que le premier et plus glaçant, retentit derrière le jardin à moins de 30 mètres. Quelques pierres sèches roulèrent du mur sous une poussée brusque et une masse noire, énorme dans la nuit, s'élança dans le potager en reniflant bruyamment.

Trois coups de fusil partirent à la fois, rayant l'obscurité, et, lorsque le docteur eut allumé la lanterne dont nous avions eu la précaution de nous munir, nous pûmes admirer à loisir le dangereux carnassier qui se roulait dans les dernières convulsions de l'agonie.

Trois blessures, par lesquelles le sang s'échappait à flots, le traversaient de part en part.

Le succès était complet ; aussi rentrâmes-nous tout joyeux à la redoute, tandis que les chiens du village, réveillés par la triple détonation, remplissaient la plaine de leurs aboiements furieux.

Quelques mois plus tard, je devais être moins heureux, et dans une circonstance plus passionnante encore, car, au lieu de l'affût à la hyène, ce serait l'affût au Marocain.

J'aurai d'ailleurs l'occasion de raconter tout au long cet épisode de la campagne.

V

A travers le bled.

Le 30 avril, une nouvelle arriva enfin qui mit le poste en fête. Le bataillon était désigné pour escorter un convoi d'approvisionnements destiné à la colonne d'Igli, et le départ devait avoir lieu le 8 mai de Djenien, choisi comme point de concentration. Ce convoi devait être très important, car il fallait approvisionner le camp d'Igli pour plusieurs mois, jusqu'aux premiers jours d'octobre ; et, dès lors, un transit énorme commença sur la nouvelle portion de voie ferrée entre Aïn-Sefra et Djenien.

Chaque matin, des trains bondés arrivaient, noyant les environs de la future gare d'un flot de denrées de toutes sortes : sacs d'orge et de farine, tonneaux de vin et caisses de conserves s'alignaient peu à peu en piles colossales. Aux vivres d'administration vinrent s'ajouter bientôt des nuées de colis arrivant de toutes les directions, commandes pour les popotes d'officiers et dons des femmes de France, consistant généralement en lait concentré, tabac, vins généreux, chocolat, etc...

Les terrains au nord du village présentèrent bientôt l'aspect d'un gigantesque entrepôt en plein air, surveillé nuit et jour par un piquet, dans la crainte des maraudeurs, mais entièrement exposé aux intempéries ; et toutes ces denrées, attendues là-bas avec tant d'impatience, se desséchaient sur place, fermentant déjà sous les piqûres brûlantes du soleil de mai.

Il fallait songer aussi à notre popote et préparer des

vivres pour la durée de la route. D'après les ordres donnés, nous devions aller seulement jusqu'à El-Morra, c'est-à-dire à sept jours de marche de Djenien, puis ensuite faire demi-tour, après avoir remis le convoi à un détachement venu d'Igli.

Je n'avais donc à faire des provisions que pour une quinzaine de jours, mais c'était encore trop pour les maigres boutiques de Djenien, et je pris le train un beau matin pour aller rendre visite aux épiciers d'Aïn-Sefra.

Le trajet n'est pas long—trois heures à peu près — et cependant je faillis rester en route. J'ai dit plus haut que cette portion de la voie ferrée avait été construite récemment ; j'aurais pu ajouter qu'elle le fut trop rapidement sans doute, et que les ingénieurs n'avaient pas suffisamment étudié la question de l'écoulement des eaux. Il pleut rarement dans ces contrées arides et desséchées ; mais, lorsque la pluie survient, c'est généralement sous la poussée d'orages courts et violents qui, en quelques heures, noient le pays sous de véritables trombes d'eau, ravinant les pentes et transformant les moindres crevasses en torrents impétueux.

Sur cette ligne, toujours à flanc de coteau pendant la traversée de l'Atlas, il aurait fallu des ponceaux nombreux et suffisamment larges pour livrer passage aux eaux de pluie dévalant des sommets. Malheureusement, comme cela arrive trop souvent dans toutes les administrations, on avait tout sacrifié à ces deux considérations essentielles : économie et rapidité d'exécution, et l'on eut, par la suite, bien des accidents à enregistrer dans le genre de celui qui survint au cours de mon voyage.

Il avait plu abondamment une partie de la nuit, et j'étais très occupé à regarder les mille gouttières suintant de la montagne, pendant que le train montait à petite allure la longue rampe qui va de Moghrar-Tahtani à Moghrar-Foukani, lorsqu'un choc brusque me jeta violemment en avant ; le wagon sembla s'affaisser sur ses roues, puis se redresser dans une cabriole bizarre, et le train s'arrêta. En moins d'une minute, voyageurs et employés avaient sauté à terre, et l'on put constater qu'il n'y avait heureusement pas d'accidents de personnes ; mais, derrière le train, un ponceau écroulé coupait la voie d'une large tranchée, sur laquelle les rails courbés par la masse du train s'étaient ployés en arcs de cercle. L'accident était facile à expliquer : les torrents descendus de la montagne, ne trouvant pas un passage suffisant sous l'étroit ponceau, avaient envahi la voie, entraînant le ballast et désagrégeant la maçonnerie ; le pont, miné, s'était affaissé brusquement sous l'ébranlement produit par le train. Cependant les rails ne s'étaient pas rompus et tous les wagons avaient franchi l'obstacle, de sorte que l'on repartit bientôt, mais prudemment, dans la direction d'Aïn-Sefra, où nous arrivâmes avec deux heures de retard.

On fit cependant la nuit une réparation de fortune, pour ne pas interrompre la circulation des trains et, dès le lendemain, j'étais de retour à Djenien, ramenant avec moi des provisions de toute sorte.

Une animation extraordinaire régnait dans ce village généralement paisible. Nous étions au 6 mai, avant-veille du départ, et tous les éléments du convoi et de l'escorte (tirailleurs, chasseurs d'Afrique, spahis, un détachement du génie, et enfin des centaines de convoyeurs indigènes avec les bandes innombrables de leurs chameaux) se concentraient là en un rendez-vous multicolore et fantastique.

L'escorte du convoi, sous les ordres du commandant Dutartre, devait comprendre : un bataillon de tirailleurs (la 1re compagnie à Duveyrier et la 2e à Djenan-ed-Dar nous rallieront au passage), la compagnie montée du 2e étranger, un demi-escadron du 2e chasseurs d'Afrique, un peloton de spahis et une section du génie destinée à renforcer le détachement de la colonne d'Igli ; 2.400 chameaux étaient réquisitionnés pour transporter les approvisionnements et le matériel.

· Tous ces groupes firent séjour le 7 pour procéder aux opérations du chargement, opérations sur lesquelles je ne crois pas inutile de donner quelques indications. Les chameaux du convoi sont encadrés par des conducteurs indigènes à raison d'un sokrar (à pied) par quatre chameaux et d'un bachamar (à cheval) pour dix sokrars. Tout ce personnel est lui-même sous les ordres directs d'officiers des affaires indigènes désignés à cet effet (dans le cas actuel, le capitaine Brenau et le lieutenant Gauthier). On commence par scinder cette masse en deux groupes : un pour le convoi proprement dit, c'est-à-dire pour le transport des denrées destinées aux postes à ravitailler, et l'autre pour les besoins de l'escorte. Ce 2e groupe est lui-même réparti en deux lots : le premier pour les vivres et le deuxième pour les bagages, à raison d'un certain nombre de chameaux par unité constituée. C'est ainsi que chaque compagnie reçoit au départ un nombre variable de douze à quinze animaux qui lui restent affectés pendant toute la durée du trajet.

Dès que cette affectation est terminée, le chargement commence : l'officier d'administration chargé du convoi, en présence des officiers du bureau arabe, délivré à chaque bachamar la quantité de denrées qu'il peut transporter, à raison de 150 kilos en moyenne par chameau. Celui-ci en prend livraison et devient responsable, il fait lui-même la répartition entre les sokrars, et c'est alors qu'il faut entendre les plaintes et les malédictions de tous ces pauvres hères si le lot qui leur est affecté n'est pas d'un arrimage et d'un transport faciles.

Certains objets, comme les sacs d'orge ou de farine et les tonnelets, sont recherchés de préférence, car leur chargement est particulièrement commode ; il suffit d'attacher deux sacs ensemble de façon qu'ils reposent de chaque côté du chameau ; l'opération est vivement faite et le poids bien équilibré. Mais il n'en est pas de même d'une quantité d'autres colis encombrants, tels que caisses, bois de construction, accessoires de fours de campagne, voire poteaux télégraphiques. L'arrimage devient long et compliqué, et, bien souvent, les chameaux, énervés par ces ustensiles mal équilibrés et qui leur battent les flancs ou les jambes, finissent par s'affoler et partent en pétaradant jusqu'à ce qu'ils se soient débarrassés de ce malencontreux fardeau. Cet accident est particulièrement redouté ; aussi, chacun cherche-t-il à se procurer, dans le lot de chameaux affectés à la compagnie, l'animal le plus calme et le plus doux, sur lequel il pourra sans crainte faire charger ses bagages. On attribue généralement un chameau à chaque officier, plus un pour la popote, et les autres transportent le matériel de la compagnie, caisse de comptabilité, effets de rechange, vivres d'ordinaire, etc... s'il y a de la place, on en profite pour caser les sacs des hommes fatigués ; mais généralement les tirailleurs sont mal partagés à ce point de vue, et, tandis que j'ai vu plusieurs fois décharger complètement certains contingents européens, tels que zouaves et légionnaires, nos pauvres turcos ont constamment traîné, même en plein été, leur « barda » règlementaire.

. . . .

Arrivé à cette partie de mon récit, il me paraît indispensable de relater au jour le jour les événements survenus et les particularités de chaque étape ; je n'ai d'ailleurs qu'à copier fidèlement le carnet de notes personnelles que je tenais alors en comblant ses lacunes et en le complétant de tous les souvenirs très vivaces et très clairs que j'ai conservés de cette époque déjà lointaine.

Le départ était fixé à 4 heures, et, dès 2 heures du matin, les environs de la redoute étaient remplis du tumulte et du remue-ménage des jours de grand départ. Toute la plaine au nord du village apparaissait couverte d'une masse affairée et grouillante, vivement éclairée par des centaines de feux dont la lueur d'incendie montait jusqu'au ciel ; et, du sein de cette multitude, aux ombres dansantes devant les flammes, une longue clameur s'élevait, faite des cris des sokrars et des beuglements prolongés des chameaux.

J'avais reçu pour ce jour-là une mission spéciale ; je devais escorter avec ma section le trésor destiné au payeur de la colonne d'Igli, et s'élevant à la somme rondelette de 1.400.000 francs, constituée tout entière en pièces de 5 francs. Elle était répartie en cent caisses cerclées de fer, et je ne devais pas perdre de vue un seul instant les cinquante chameaux chargés de la transporter.

J'avais l'ordre de ne partir qu'au lever du jour et de marcher en queue du convoi : aussi, après avoir installé mon précieux groupe sous les murs de la redoute et solidement encadré par ma section, je pus m'offrir tranquillement le coup d'œil du départ.

Pendant les deux premières étapes, à proximité des postes de Duveyrier et de Djenan-ed-Dar, la colonne n'avait rien à craindre des entreprises marocaines ; il était donc inutile de s'astreindre à ces mesures de sécurité qui, consistant à encercler et à entasser exagérément les chameaux, les empêchent de pâturer en marchant et les fatiguent beaucoup. Aussi, le commandant avait-il décidé que le convoi marcherait tranquillement, en prenant de grands intervalles entre les groupes ; la cavalerie et la compagnie montée le précéderaient à une demi-heure de marche, et les deux compagnies de tirailleurs l'encadreraient, la 3ᵉ en tête, la 4ᵉ en queue.

Un à un, je vis les feux s'éteindre, tandis que les chameaux continuaient à pousser leurs longs cris rauques achevés par une plainte aiguë, et les troupes commencèrent à défiler.

C'étaient d'abord les goumiers du capitaine Breneau, encapuchonnés jusqu'aux yeux, raides et comme figés sur leur selle ; puis les chasseurs d'Afrique, bien campés sur leurs petits chevaux allègres ; enfin le peloton des spahis, silencieux et glissant dans l'obscurité comme des ombres, avec leurs grands burnous rouges flottant sur la croupe de leurs chevaux.

Derrière, arrivait la lourde masse de la compagnie montée, avec ses mulets pesamment chargés, et, successivement, les chameaux commencèrent à passer devant moi par petits groupes. Ils marchaient sans bruit, et le sable ne crépitait même pas sous leurs pieds larges qui se posaient doucement. Je voyais, à la cadence du pas, leurs grands corps, portant de doubles sacs rebondis, se bercer de droite à gauche, et leurs longs cous oscillants s'élever et s'abaisser par des mouvements réguliers. Un bachamar à cheval et des sokrars à pied, demi-nus sous leurs burnous blancs crasseux, conduisaient chaque groupe et s'empressaient à l'entour comme des chiens de berger ; par de légers sifflements ils excitaient à la marche leurs bêtes nonchalantes.

Le défilé de ces 2.400 chameaux fut long et il en passait encore lorsqu'une lueur bleuissante annonça la première aube, puis l'orient jaunit, et enfin le soleil parut. A sa vue, les chameliers s'arrêtèrent, se prosternant la face vers l'est pour la prière du matin.

Cependant la queue du convoi approchait et la 4ᵉ compagnie se préparait à partir ; je donnai l'ordre du départ, et mes cinquante chameaux se mirent en marche lente-

ment, sous la poussée de leurs conducteurs, l'air calme
et grave, avec le balancement rythmique de leur long
cou, et comme pénétrés de l'importance de leur mission.

J'étais alors assez inquiet, car nous allions longer, sur
une grande distance, l'oued Dermel, petite rivière généralement à sec, qui détermine la frontière du Maroc. Il me
paraissait facile de faire disparaître un des porteurs, avec
son précieux fardeau, dans les terrains ravinés et couverts
d'arbustes qui avoisinent cette rivière. Il fallait donc exercer une surveillance active, et j'adoptai les dispositions
suivantes qui me permettaient de faire bonne garde et
d'éviter en même temps un excès de fatigue chez mes
hommes. Une moitié de la section, allongeant le pas se
portait rapidement à 7 ou à 800 mètres en avant et mettait sac à terre, puis, quand nous l'avions rejointe, elle
reprenait sa place. Une demi-heure après, c'était à l'autre
demi-section à prendre de l'avance et à faire la pause à
son tour.

Bien des fois je fus tenté d'agir de même ; mais malgré
toute la confiance que m'inspirait mon sergent, je ne pus
me décider à quitter un seul instant le précieux dépôt que
j'escortais.

Il était 11 heures quand nous arrivâmes au poste d'Adjerat, qui coupe l'étape en deux parties égales. Un étranglement de la plaine, entre un éperon rocheux de la
montagne et le ravin de l'oued Dermel, avait entravé la
marche du convoi, en obligeant les chameaux à passer un
à un, et de nombreux groupes, entassés devant l'étroit
boyau, attendaient là que leur tour fût arrivé. On fit une
halte d'une heure employée à prendre un repas froid et à
préparer un excellent café, dont mes tirailleurs, toujours
généreux, offrirent une bonne part aux chameliers du
groupe.

Le poste d'Adjerat, que je n'avais pas le temps de visiter ce jour-là, mais que j'ai vu bien des fois par la suite, est l'endroit le plus pittoresque de la contrée à bien des lieues à la ronde.

La toute petite redoute, nouvellement construite, s'élève sur un gros rocher saillant à l'extrémité du plateau et dominant l'étroit sillon creusé par les eaux de l'oued Dermel. De très loin on aperçoit les remparts de pierres sèches qui suivent les contours capricieux du roc et dessinent en miniature des courtines et des bastions, le corps de garde haut perché près de la poterne, les guettes de sentinelles et les abris intérieurs irrégulièrement disséminés sur d'étroites assises rocheuses.

L'impression est particulièrement vive sous l'éblouissant soleil de midi, ou bien durant certaines nuits sans lune, mais éclairées par les étoiles, telles qu'on en voit dans les pays sahariens.

Naguère, Adjerat était la halte coutumière aux voyageurs indigènes faisant la longue étape qui sépare Figuig de Djenien. Ils trouvaient de l'eau à courte distance, et une pointe de rocher en surplomb protégeait leur sieste par son ombre (1).

Comme les autres rivières du pays, l'oued Dermel ne coule qu'en temps d'inondation ; mais plusieurs sources abondantes maintiennent toujours à pleins bords une série de trous voisins d'Adjerat.

Grâce à la fraîcheur de l'eau, les tamaris, les jujubiers, les genêts, toutes sortes de roseaux ont envahi le fond de la vallée, formant une jungle haute, enchevêtrée comme une forêt vierge.

Elle s'étend en amont pendant 3 ou 4 kilomètres et se termine au pied d'un chaos de rochers pleins d'anfractuosités, de trous, de fissures creusées par les eaux. Ce site étrange, où l'on risque à chaque pas de se rompre

---

(1) *Adjerat-M'Guil* veut dire, en arabe : la pierre de la sieste.

le cou, est appelé d'ordinaire « la Grotte aux pigeons »,
mais nul volatile ne paraît le fréquenter.

Avant l'occupation d'Adjerat, d'étroits sentiers couverts,
ménageant des passages, éclaircissaient seuls l'épaisseur
des fourrés. Maintenant, presque toute la partie de la jungle avoisinant la redoute a été incendiée par crainte des
surprises. Au pied de la montagne, dans un point où le
sillon de l'oued Dermel s'élargit, dessinant un cirque entre des falaises ravinées, se trouve une véritable prairie.
Elle est occupée par un grand douar, qui, moyennant
certaines exemptions d'impôts, met à notre disposition
une douzaine de cavaliers et autant de fantassins, précieux
auxiliaires grâce à leur connaissance du pays et à leur
endurance du climat.

J'étais harassé et fourbu quand j'arrivai à Duveyrier,
vers 5 heures de l'après-midi. Depuis 5 heures du matin,
et à l'exception de la halte d'Adjerat, j'avais marché sans
m'arrêter pendant 34 kilomètres, à l'allure horripilante
de 3 km. 500 à l'heure imposée par les chameaux, et je
ne me rappelle pas, de toute mon existence, avoir fait
une autre étape aussi pénible. Aussi je remis à une autre
fois la visite des environs de Duveyrier et de la redoute,
simple retranchement en terre à cette époque.

Le camp était déjà en partie installé sur un petit plateau
avoisinant cette redoute, et, comme ma compagnie était
arrivée deux heures plus tôt et que ma tente était dressée,
je m'empressai d'aller retrouver mon lit de camp, sur lequel je m'étendis tout habillé.

Il m'arriva cette nuit-là un événement extraordinaire,
qui témoigne de la puissance du sommeil dans lequel on
peut être plongé après une grosse fatigue. Un vent violent s'était élevé et les piquets de ma tente étaient sans
doute mal assujettis, car ils cédèrent tout à coup et la frêle
enveloppe s'abattit sur moi, me recouvrant d'une nappe
épaisse de toiles et de cordages enchevêtrés. La secousse

dut être rude, mais le sommeil fut cependant le plus fort, et je serais peut-être resté jusqu'au jour dans cette posture bizarre, bien qu'à demi-étouffé, si mon ordonnance, attiré par le bruit de la chute, n'était accouru rapidement pour redresser ma tente et enfoncer plus solidement les piquets. Les coups de maillet sur le fer ne réussirent pas davantage à me réveiller, et c'est le matin seulement que j'appris par mon brave turco la mésaventure qui m'était arrivée.

9 mai.

A 3 heures du matin, le réveil sonné au milieu du camp me tira de ma léthargie. Je sentais encore mes jambes raides et une courbature générale me laissait les membres meurtris et lourds comme du plomb, après la grande fatigue de la veille.

Cependant, peu après le départ, je sentis sous l'effet de la marche un mieux sensible monter en moi ; mes articulations reprirent leur souplesse, et, au bout de quelques kilomètres, j'étais de nouveau dispos et tout ragaillardi.

Nous avions encore une longue étape à faire, 32 kilomètres environ. Il aurait fallu partir deux heures plus tôt pour éviter la grosse chaleur dont l'effet se faisait déjà sentir ; mais notre marche était subordonnée à celle des chameaux, et, si ces peu gracieux animaux offrent l'avantage d'une sobriété peu commune et d'une grosse endurance, en revanche ils ont la détestable manie de ne pas vouloir marcher la nuit ; aux époques de la pleine lune on peut encore les faire avancer ; mais, en dehors de ce cas particulier, il faut attendre, pour partir, les premières lueurs de l'aube.

Cette deuxième étape présentait un intérêt tout spécial en raison de la proximité de l'oasis de Figuig que nous allions longer sur toute sa longueur. Le convoi avait à peine dépassé la ceinture de collines qui ferment l'horizon à l'ouest de Duveyrier, lorsque nous aperçûmes, en avant et sur la droite, la ligne de mamelons aux sommets dentelés qui limite au sud la grande ville saharienne. Je désirais vivement qu'on s'en rapprochât davantage ; mais les instructions du ministre des affaires étrangères, transmises par le gouverneur général, étaient formelles : il importait à ses yeux de passer le plus loin possible de l'oasis, de manière à laisser celle-ci masquée par les mouvements de terrain, et qu'on s'abstînt d'établir des postes dans les environs de ce point, à moins de danger réel pour la sécurité de nos colonnes. Aussi, le convoi obliqua-t-il légèrement à gauche et, ce jour-là, je ne pus apercevoir de Figuig, cachée derrière son chapelet de collines, que le long ruban de palmiers qu'elle laisse filtrer par une échancrure et qui borde la Zousfana, dont la source est là, tout près, baignant les jardins de la ville. Quatre ans plus tard, je devais y pénétrer en vainqueur et admirer à loisir ce site merveilleux.

Il faisait une chaleur suffocante lorsque la colonne franchit la Zousfana, vers 11 heures du matin. La grande rivière saharienne ne présente en cette partie de son cours qu'un lit étroit, pavé de cailloux blancs et au milieu duquel coule un mince filet d'eau complètement tari, d'ailleurs, à quelques kilomètres plus loin.

Je sentais à travers mes vêtements de toile blanche les piqûres brûlantes du soleil et j'étouffais littéralement sous l'enfoncement étroit du casque. Cette coiffure est pourtant la seule pratique dans ces régions aux températures de fournaise, en ce qu'elle protège efficacement les yeux et la nuque ; toutes les troupes européennes en avaient été munies avant le départ, mais nos pauvres tirailleurs restaient affublés de leur grotesque chéchia, et ils s'en allaient péniblement en baissant la tête, le front et les yeux déjà calcinés par le soleil. C'était pour eux une gêne atroce et constante et je ne puis laisser passer cette occasion de protester contre cette coiffure dérisoire, qui n'est ni pratique, ni élégante, et qui n'a aucun rapport avec la façon de se coiffer des indigènes.

L'Arabe a toujours, au contraire, la tête parfaitement protégée contre le froid ou la chaleur par un grand voile (le chèche) qui, disposé sur la chéchia et maintenu très serré par des cordes en poil de chameau, lui couvre complètement le front et la nuque ; enfin, il a la faculté de rabattre sur la tête le capuchon du burnous, et les tirailleurs ont tellement l'habitude de cette confortable coiffure que tous en route se confectionnent des sortes de visière en carton ou en feuilles de palmiers entrelacées, pour se protéger le haut de la figure.

A 1 heure de l'après-midi nous dressions nos tentes contre les parapets en terre de la redoute de Djenan-ed-Dar, et l'on pouvait enfin s'occuper de la popote. Pendant toute la durée de la route, nous allions déjeuner chaque jour très tard, car il n'était pas possible de faire une grand'-halte, d'abord à cause de l'eau que l'on ne trouve nulle part en dehors des points de stationnement, et ensuite parce que, les chameaux ne pouvant brouter pendant la marche, il est indispensable de les envoyer au pâturage dès l'arrivée. Le temps employé aux grand'haltes eût donc été perdu pour eux.

Le poste de Djenan-ed-Dar me parut bien triste à première vue, perdu dans une grande plaine caillouteuse et désertique, près d'un maigre bouquet de palmiers.

C'est la solitude immense, silencieuse, dévorée par le soleil et sans aucune végétation, en dehors d'une palmeraie squelette et de ces espèces de taupinières verdâtres et dures qui constellent la plaine à l'infini et que l'on désigne communément sous le nom de « choux-fleurs ».

Du sommet de la petite éminence sur laquelle la redoute est construite, on aperçoit, à 4 kilomètres au nord, les montagnes de Figuig et, à leur pied, le village de Beni-

Ounif (occupé par nous plus tard) dont la mosquée apparaît comme un point blanc au-dessus d'une touffe de palmiers.

10 mai.

C'était un grand jour, depuis longtemps attendu, celui qui se leva, ce 10 mai, au milieu du bruit et de la bousculade du départ. Nous allions franchir, avant d'arriver à Fendi, la ligne qui donne droit à la campagne double, c'est-à-dire faire le premier pas dans la voie des ambitions et des espérances.

Que de fois, dans les garnisons du Tell, j'avais entendu des camarades se plaindre amèrement, après un long séjour aux tirailleurs, de n'avoir jamais pu franchir cette ligne et décrocher ainsi la campagne double tant convoitée !

Dès maintenant, d'ailleurs, le convoi allait entrer dans le domaine de l'inconnu, dans le pays des surprises et des combats toujours possibles, et, au lieu du laisser-aller et du quelque peu de désordre des premiers jours, on devait adopter un sérieux dispositif de sûreté et un ensemble de précautions indispensables pour la route et le stationne-, ment.

Nous avions trouvé à Djenan-ed-Dar la 2ᵉ compagnie du bataillon, et l'escorte se trouvait par conséquent au complet.

Bien avant l'aube, le capitaine Brenau était parti avec ses 25 goumiers, formant une sorte de cavalerie d'exploration, et ce fut bientôt le tour des chasseurs d'Afrique et des spahis, chargés de la sûreté rapprochée et détachant des patrouilles en arrière et sur les flancs du convoi.

Enfin, la masse énorme des 2.400 chameaux s'ébranla pesamment, suivie du troupeau de 80 bœufs et 1.800 moutons que nous traînions à notre suite, et destiné à la colonne d'Igli et aux besoins du convoi.

Ici, je suis obligé d'interrompre momentanément le cours de mon récit pour décrire sommairement les mesures de sécurité prises pendant la marche et au camp, non seulement par la colonne Dutartre, mais encore et d'une façon générale par toutes les troupes ou détachements qui eurent à circuler dans le bled à cette période des opérations. Il n'y eut jamais de règles fixes, et, en dehors de quelques indications d'ensemble, données par l'autorité militaire supérieure, chaque commandant de colonne ou de convoi put appliquer son système personnel et employer les moyens qui lui paraissaient les plus propres à l'accomplissement de sa mission. Pendant les nombreux convois, colonnes et reconnaissances auxquels j'ai pris part de 1900 à 1904, j'ai vu employer bien des procédés, ne s'écartant d'ailleurs jamais ni les uns ni les autres de certaines règles fixes et élémentaires, mais différant entre eux dans les questions de détail. En les étudiant séparément et en les rapprochant, on peut arriver à établir la méthode suivante qui représente suffisamment l'ensemble des dispositions généralement admises :

a) L'exploration et le service de sûreté rapprochée sont assurés par la cavalerie dans les conditions indiquées plus haut ;

b) L'infanterie du convoi se forme toujours pour la marche en deux dispositifs, selon que l'on peut s'étendre en plaine ou bien que l'on est contraint de cheminer dans un espace resserré : 1° en carré ; 2° en colonne.

Marche en carré. — Le convoi marche en carré chaque fois que l'étendue du terrain le permet, ce dispositif étant de beaucoup le meilleur pour éviter l'allongement et pour la défense en cas d'attaque inopinée.

Le carré doit être assez vaste pour contenir tous les chameaux ; on espace plus ou moins les unités, mais il est indispensable d'avoir des troupes tout le long des flancs. L'infanterie, formant les quatre faces du carré, marche, dans les 1ʳᵉ et 4ᵉ faces, soit en ligne de sections ou demi-sections par deux, avec larges intervalles, soit par le front des subdivisions ; dans les 2ᵉ et 3ᵉ faces, elle marche toujours en colonne par deux, les sections se suivant aux distances nécessaires.

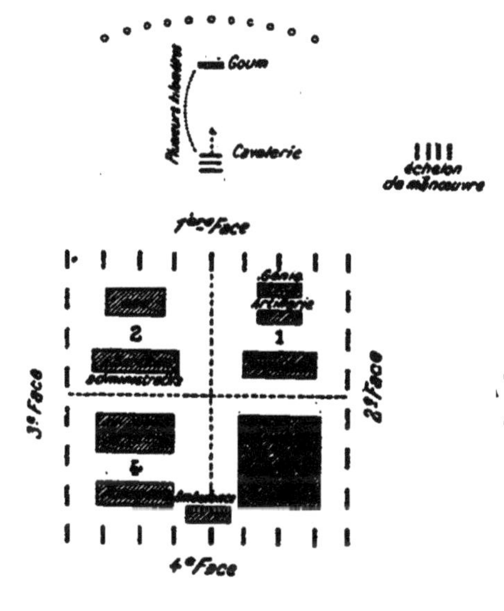

Le convoi, comprenant le train de combat, le train régimentaire, l'eau et les vivres, marche dans l'intérieur du carré. Il forme quatre groupes distincts occupant chacun les angles intérieurs du carré, ainsi que l'indique la figure ci-dessus.

Les quatre groupes du convoi sont toujours formés, quel que soit l'effectif de la colonne, savoir :

1° Matériel et bagages ;

2° Eau ;

3° Vivres ;

4° Orge et bétail.

L'ambulance marche en avant de la 4ᵉ face. Les bachamars et sokrars s'occupent spécialement du chargement, de la conduite et des soins à donner aux chameaux, ainsi que de leur nourriture. Les sokrars sont sans armes ; il leur est défendu de pousser des cris stridents ; ils arrêtent et entravent l'animal quand c'est nécessaire. Les bachamars sont montés et armés ; des cavaliers réguliers (spahis) sont adjoints aux officiers des affaires indigènes pour maintenir l'ordre.

Marche en colonne. — Quand le passage devient trop étroit, le convoi se forme en files sur une plus ou moins grande longueur. L'escorte est répartie en fractions constituées sur tout son développement. La première face continue sa marche en colonne, suivie du 1ᵉʳ groupe du convoi ; ensuite vient l'infanterie de la 2ᵉ face, suivie du 2ᵉ et du 4ᵉ groupe (eau et orge), puis la 3ᵉ face suivie du 3ᵉ groupe, enfin la 4ᵉ face derrière, et un peu plus loin l'arrière-garde.

L'infanterie des faces marche sur les flancs, ou même dans le convoi si le chemin est trop encaissé. Dans ce dernier cas, on dispose d'avance des flanc-gardes.

L'arrière-garde, plus ou moins forte, se tient groupée à quelque distance de la colonne. Sa mission est de surveiller ce qui se passe en arrière et de faire rejoindre les retardataires. On ne doit laisser aucun homme en arrière dans les marches, car la colonne disparaît vite à l'horizon dans les plaines dénudées du Sahara, et il suffit généralement d'un léger coup de vent pour en effacer les traces.

Si le défilé à traverser est long et encaissé, comme c'est le cas pendant deux étapes consécutives entre Taghit et El-Aouedj, il est alors indispensable de placer des flancs-gardes prises dans l'infanterie de la 1re face, ou, si la chose est possible, de faire marcher une partie des 2e et 3e faces sur les flancs, en dehors et à hauteur du convoi.

A la sortie du défilé, on arrête la tête de la colonne pour reformer le carré, si c'est possible, et faire serrer.

La halte horaire a lieu toutes les cinquante minutes, comme le prescrit le règlement ; on en profite pour remettre de l'ordre dans le convoi et faire rallier les animaux en retard. Mais, dans la pratique, on n'arrête jamais entièrement la colonne ; les fantassins seuls se reposent un peu.

Une partie de la garde de police descendante est à la disposition du chef du convoi pour le maintien de l'ordre. Aucun autre soldat ne doit marcher au milieu des animaux du convoi, sauf un ordonnance par officier, aux bagages, et les infirmiers et soldats d'administration. Tous portent sur eux leurs armes et leurs munitions.

Plusieurs fois, et notamment dans ce premier convoi auquel j'ai pris part, j'ai vu constituer un groupe spécial, appelé « échelon de manœuvre », lorsque l'infanterie de la colonne était suffisamment forte pour qu'on pût en distraire une partie de la garde des faces. Cet échelon, une compagnie en général, marchait à 200 ou 300 mètres en avant d'un des angles, sur la diagonale du carré, comme un véritable bastion mobile flanquant les deux faces.

BIVOUACS

On campe toujours en carré dans le Sud. L'infanterie couvre les quatre faces, à moins qu'elle ne soit pas assez nombreuse ; dans ce cas, on fait camper la cavalerie sur une des faces, la 4ᵉ généralement. Le goum campe toujours à part, à une centaine de mètres en dehors.

Un officier monté, désigné par le commandant de la troupe, fixe et détermine l'emplacement du camp. Un peu avant l'arrivée de la colonne, il se porte en avant, sous la protection de la cavalerie, pour reconnaître le lieu du bivouac. Il place deux cavaliers à chaque extrémité de la 1ʳᵉ face du carré, et même, s'il en a le temps, il en dispose quatre pour indiquer les quatre angles. La 1ʳᵉ face est toujours dans la direction de marche du lendemain.

Le lieu choisi doit être assez vaste pour que tous les éléments de la colonne y soient à l'aise et que les chameaux tiennent facilement dans l'intérieur du carré ; aucun d'eux ne doit séjourner en dehors.

S'il y a des pâturages dans les environs du bivouac, on y envoie les chameaux dès qu'ils sont déchargés, mais seulement dans un rayon restreint bien indiqué et bien gardé par des vedettes de cavalerie.

Généralement un peloton d'infanterie est envoyé dans cette direction pour assurer la protection du pâturage.

S'il n'y a pas de pâturages dans le voisinage immédiat du camp, outre le drinn ramassé en route par les sokrars. il est donné un peu d'orge (2 kilos) aux chameaux. La plupart le mangent très bien, il suffit de deux ou trois jours pour les y accoutumer.

AVANT-POSTES

En principe, chaque face du camp se garde elle-même, sous la responsabilité de l'officier le plus élevé en grade des troupes de cette face, et sous la direction du chef de la colonne.

1° *Pendant le jour*. — La cavalerie ennemie pouvant fondre à l'improviste sur le camp, il est nécessaire de se garder à grande distance. Ce rôle incombe à la cavalerie et aux autres troupes montées (goumiers et méharistes). La cavalerie détache des vedettes au loin, sur les points culminants, d'où l'on peut le mieux voir et surveiller les environs du camp.

En arrière de ces vedettes et à une distance variant de 250 à 500 mètres des faces, selon le terrain et l'effectif de la colonne, s'établissent les escouades ou sections d'infanterie, avec un factionnaire à quelques pas en avant du groupe. L'effectif à détacher en avant des faces varie entre le tiers et le sixième de l'infanterie ; en général, c'est une section.

2° *Pendant la nuit*. — Chaque section de garde se dédouble et détache un poste dans l'angle du camp qui se trouve à sa droite.

Tous ces postes se rapprochent des faces à 150 ou 200 mètres, et même moins pour de petites colonnes. Ils sont établis sur des emplacements reconnus le jour et les sentinelles sont placées aux endroits favorables, mais assez rapprochées.

Les tentes ne sont pas dressées aux avant-postes, et les hommes de garde ne peuvent se reposer que par moitié. On creuse des tranchées-abris lorsque c'est nécessaire, et notamment quand on doit séjourner plusieurs jours de suite sur le même emplacement.

Enfin on dispose aussi quelquefois des postes de quatre hommes aux points qu'il est indispensable de faire surveiller tout particulièrement, les fonds de ravins par exemple.

Dans les nuits obscures ou sans lune, si l'on a pu se procurer du bois ou des broussailles pendant le jour, on prépare des foyers et l'on allume des feux de façon à éclairer les abords du camp, tout en le laissant lui-même dans l'obscurité. Ces foyers sont placés à une centaine de mètres en avant de l'emplacement de nuit des postes de sûreté qui doivent être dissimulés également et dans l'ombre.

Généralement, les attaques sérieuses sont peu à craindre, mais il faut se garder contre les surprises et tentatives ayant pour but surtout d'enlever des sentinelles, de voler des armes et du matériel, de jeter la panique dans le camp, etc. C'est surtout un peu avant le jour, dès le réveil, alors que tout le monde est occupé par les préparatifs du départ, que ces surprises se produisent.

Le soir, dès la chute du jour, cavaliers et goumiers rallient le camp, pour laisser à l'infanterie seule le soin de sa garde.

. . . .

L'étape de Djenan-ed-Dar à Feudi est une des plus désagréables et des plus fatigantes que je connaisse. D'abord, elle est longue (32 kilomètres environ) ; mais surtout, le terrain, dans cette région, est pavé d'une infinité de petits cailloux aigus et coupants qui brisent les chaussures et fatiguent horriblement les pieds.

Au retour, généralement, lorsque le convoi revient à vide et n'a aucune raison de se hâter, on la coupe en deux en faisant étape près d'un bouquet de palmiers, Djenan-ed-Torf, situé à une dizaine de kilomètres de Djenan-ed-Dar, et où, dans la bonne saison, on peut trouver un peu d'eau. Mais, ce jour-là, nous étions pressés, il fallait arriver sans retard à El-Morra où nous attendait un détachement de la colonne d'Igli, et, pendant dix heures, on avança péniblement à l'allure assommante de 3 km. 500 à l'heure. Il faut les avoir faites pour se rendre compte de la longueur des étapes dans ce pays dénudé, sans cartes et sans points de repère, où les ondulations du terrain se succèdent à l'infini à l'horizon, toutes semblables et toutes aussi décevantes ! Derrière chacune d'elles on espère découvrir la cavalerie arrêtée et annonçant ainsi l'arrivée à l'étape, et chaque fois c'est une déception nouvelle. Dans le trajet de Djenan-ed-Dar à Fendi, ces déceptions sont particulièrement amères, à cause des deux petits oasis de Mérirès et de Tébouda, que l'on aperçoit successivement à de grandes distances, et dans chacune desquelles, de loin, on croit voir le bienheureux gîte d'étape ; après quelques minutes de joie, on s'impatiente de nouveau et on se désespère, sous l'accablement du soleil de plomb, lorsque tout à coup, au moment où l'on s'y attend le moins, la tache verte d'un bouquet de palmiers apparaît sur la droite, dans un pli de terrain : c'est Fendi. Tout près de là, le camp commence à se former, jalonné par les quatre spahis porteurs de leurs fanions ; le courage et la vigueur renaissent comme par enchantement, et l'on franchit allègrement le dernier kilomètre.

Il était près de 3 heures de l'après-midi, ce jour-là quand je pus entrer sous ma tente pour échapper à la chaleur torride que le soleil nous déversait à flots. Déjà, de toutes parts, les chameaux partaient pour le pâturage, et je vis passer, sans envier son sort, le camarade malchanceux qui, après une étape pareille, s'en allait avec son peloton pour assurer leur garde.

Du 11 au 13 mai.

Le lendemain, c'était jour de repos et nous en avions grand besoin après la fatigue des journées précédentes.

On en profita pour effectuer le remplissage des tonnelets dans le petit ruisseau qui arrose l'oasis. Ces tonnelets avaient été remplis à Djenien avant le départ ; mais l'eau était déjà corrompue après un ballottement de trois jours à dos de chameau, sous le soleil saharien, et il était indispensable de la remplacer.

Ce fut une grosse corvée ; nous avions là 300 tonnelets portés par 150 chameaux, et, bien que la répartition eût été faite entre toutes les compagnies, le travail dura une partie de la journée.

Tout était de nouveau en ordre pour le départ du lendemain, lorsque, vers 6 heures du soir, un courrier expédié d'Aïn-Sefra arriva au camp et une nouvelle circula immédiatement dans tout le carré, peu à peu développée et grossie par les commentaires les plus fantaisistes.

Mais, avant de continuer, il est indispensable, pour la clarté de ce récit, que nous revenions de quelques jours en arrière.

Notre convoi venait à peine de quitter Djenien, qu'une grosse nouvelle était apportée à Aïn-Sefra par des émissaires envoyés chez les Doui-Ménia, les Oulad-Djerir et les Beni-Goumi (1).

Ils nous avertissaient que la guerre sainte venait d'être proclamée au Tafilalet, que les Berabers et les Doui-Ménia devaient se rassembler le 10 mai à Dar-el-Beïda pour attaquer la colonne d'Igli vers le 18, et que Bou Amama lui-même avait engagé les Doui-Ménia à se tenir prêts à marcher pour le 10.

D'autre part, un interprète des affaires indigènes, envoyé en tournée vers Oulakak, constata en ce point un travail de bornage très complet, qui dénotait l'intention du gouvernement marocain d'y élever une kasbah.

---

(1) Tribus frontières du Maroc, au nord de la Zousfana.

A l'annonce de ces renseignements, le général commandant le 19ᵉ corps, considérant la marche de la colonne Dutartre comme aventurée, lui prescrivit de s'arrêter à Fendi pendant quelques jours, jusqu'à ce que la situation se fût éclaircie ; il demanda en même temps au ministre de la g..re des instructions précises au sujet de la conduite à tenir en présence de cette nouvelle situation. Il lui fut répondu qu'en aucun cas, et quoi qu'il arrivât, à moins d'ordres contraires transmis par le ministre, nos troupes ne devaient dépasser « d'un centimètre » la frontière marocaine, telle qu'elle était actuellement admise.

C'était cette nouvelle de l'arrêt de la colonne que le courrier nous apportait dans la soirée du 11, et il convient de dire qu'elle fut plutôt mal reçue. Comment ! les Marocains se soulevaient, la guerre sainte allait éclater, et il fallait rester là, inactifs, au lieu de voler au secours de la colonne d'Igli ! Personne ne songeait à l'encombrement du convoi qui ne pourrait que nous alourdir pendant des marches forcées, et nous gêner considérablement en cas d'attaque sérieuse ; chacun se laissait aller à sa mauvaise humeur et à des critiques acerbes contre ceux qui avaient donné un pareil ordre.

En tout cas, il était formel, et, dès le lendemain, on se mit en mesure d'aménager le camp en vue d'un séjour prolongé.

Des tranchées furent creusées tout autour, renforcées par des murs en pierres sèches ; on fortifia également les emplacements des postes de jour et de nuit ; enfin, la compagnie du bataillon d'Afrique commença à creuser un puits destiné à nous approvisionner en eau, pour le cas où, par suite d'une attaque, le ruisseau de la palmeraie ne serait plus accessible.

Cet arrêt de quelques jours nous offrit au moins l'avantage de visiter complètement l'oasis de Fendi, et elle en vaut la peine.

Parmi les oasis considérés comme appartenant à la France dans les environs de Djenan-ed-Dar, celle-ci est sans contredit la plus pittoresque, cachée dans une étroite gorge qu'enserrent deux collines rocheuses. Au-dessus d'un épais taillis de lauriers-roses et de verveines, des centaines de palmiers élancent leurs formes grêles, couvertes de filaments et d'écailles. Des touffes de jonc et de roseaux bordent le lit de la rivière, stagnante le plus souvent, mais toujours verte comme l'émeraude. Partout croissent de hautes herbes, de belles graminées, partout des lianes et des chèvrefeuilles vagabonds enserrent les bosquets. L'air lourd et vaporeux est imprégné constamment par une senteur de sève, et on sent là comme un l'on peut croire que l'on se trouve au milieu de l'infécond courant intense de vie et de germination. C'est à peine si Sahara.

L'oasis n'est par habitée, mais on y trouve les restes d'un ksar détruit par la colonne de Négrier en 1881, et qui est abandonné depuis cette époque. Les palmiers de Fendi appartiennent maintenant, d'une façon plus ou moins légitime, à des Figuiguiens qui viennent féconder les fleurs au printemps, puis cueillir les dattes à l'automne.

Incontestablement, Fendi est d'une extrême fertilité. On pourrait y entreprendre toutes les cultures des pays tropicaux ; mais sa richesse même semble un leurre, car la petite oasis ne saurait devenir le centre d'une réelle exploitation. C'est un jardin et rien de plus. Or, que valent quelques jardins, même admirables, perdus dans une région immense, improductive et désolée ?

Nous passions là une grande partie du jour, employant nos matinées à parcourir en tous sens ce dédale inextricable de plantes et de lianes, et, plus tard, aux heures chaudes de l'après-midi, paresseusement étendus sous la voûte épaisse de verdure, au bord de l'eau transparente.

La chute du jour seule nous ramenait au camp, et, après

le repas du soir prolongé le plus longtemps possible à la popote, l'interminable veillée commençait au milieu des rumeurs mourantes du camp, sous l'haleine nauséabonde des milliers de chameaux entassés jusqu'à toucher nos tentes. Nous nous réunissions toujours trois ou quatre sous la tente de l'un de nous et la conversation s'engageait, futile d'abord, pour revenir ensuite invariablement sur la grave question qui nous préoccupait : allions-nous rester longtemps à Fendi ? Était-ce sérieux, cette question du soulèvement des tribus ? Et la discussion commençait, vive et passionnée, entre les sages qui approuvaient l'attente et les belliqueux qui voulaient marcher de l'avant quand-même.

Un autre grand souci nous agitait : le puits, creusé par les hommes du bataillon d'Afrique, et dont chaque soir on allait constater les progrès ; arriverait-on à l'eau ? En fournirait-il suffisamment pour les besoins du camp ? Et je revois encore, après neuf ans passés, l'aspect de ces petites réunions dans le laisser-aller pittoresque de la tenue et des attitudes, sous la lueur tremblante d'une bougie et au milieu de l'épaisse fumée des pipes et des cigarettes.

Brusquement, à 8 h. 1/2, la sonnerie de l'appel retentissait, vive et pressée, par-dessus les rumeurs du camp. Aussitôt la dislocation commençait, les officiers de jour rejoignant rapidement leur compagnie pour aller rendre l'appel ; et c'était toute une affaire, cet appel à rendre lorsqu'on se trouvait sur une des faces autres que celle où campait l'état-major. Pour éviter le grand détour du camp, on se lançait intrépidement, muni d'une lanterne, dans la masse grouillante du carré ; mais il ne fallait pas moins de dix minutes d'efforts inouïs et de lacets interminables pour traverser ces 200 mètres, au milieu de l'amoncellement indescriptible des chargements de toutes sortes, des chameaux couchés et ruminant paisiblement, des sokrars accroupis en rond autour de leurs feux. Au retour, même travail et mêmes difficultés, et la journée finissait ainsi dans l'assoupissement calme du camp, sous l'atmosphère éternellement limpide et tiède des nuits sahariennes.

Pour rentrer dans ma tente, il me fallait enjamber le corps de mon ordonnance, toujours couché en travers de la porte lorsque j'étais absent, car j'avais un serviteur modèle en la personne de ce brave Ben Ali Kaddour. Pour rien au monde il n'eût abandonné ma guitoun (tente) quand je n'étais pas là, au milieu du peuple de sokrars aux instincts de maraude qui nous entouraient ; toute la journée, je le sentais aux aguets, épiant mes allées et venues, pour monter la garde en bon chien fidèle dès que je m'éloignais un peu.

Je l'avais à mon service depuis mon arrivée aux tirailleurs, et je l'avais choisi alors, non seulement parce que je le savais honnête et intelligent, mais surtout à cause de son ignorance complète de la langue française, dont il ne parlait pas le premier mot.

J'avais l'intention bien arrêtée d'apprendre l'arabe, et je voulais ainsi me créer l'obligation, avec l'aide de ma grammaire, de lui parler uniquement dans cette langue. Cette méthode nous réussissait d'ailleurs à tous deux ; car, si je commençais à connaître convenablement l'arabe, il faisait lui-même en français des progrès très rapides.

J'étais donc enchanté de mon ordonnance, et j'appréhendais vivement le moment où il me faudrait me séparer de lui. C'est qu'il avait de l'ambition, mon brave Kaddour ! Il voulait arriver caporal, puis sergent, et il était entendu qu'à notre retour dans une garnison du Tell, je lui rendrais la liberté pour le faire entrer au peloton des élèves caporaux.

Bien des années ont passé depuis cette époque et maintenant mon ami Kaddour est sergent et tout près de prendre sa retraite.

Cependant, la situation de la colonne ne pouvait se prolonger ainsi indéfiniment. Le commandant avait déjà rendu compte en haut lieu que non seulement les maigres pâturages des environs étaient épuisés, mais encore qu'il allait être obligé de prendre avant son retour, pour nourrir l'escorte, dans les approvisionnements destinés à Igli, lorsque, le 13 mai, un nouveau courrier arriva, apportant l'ordre de reprendre la marche le lendemain.

Par mesure de prudence, l'escorte était renforcée d'une compagnie du 1ᵉʳ bataillon d'Afrique envoyée de Djenan-ed-Dar (1) et d'un peloton de spahis; le même soir, ce détachement arriva au camp pendant que, pour la deuxième fois, nous remplissions nos tonnelets d'eau fraîche.

Cette nuit-là, je pris la garde avec ma section sur la face du camp regardant Fendi. Un vent violent soufflait du sud, s'engouffrant comme par une cheminée dans le couloir de l'oasis, entre les deux falaises rocheuses, et noyant le camp sous d'incessants tourbillons de sable et de poussière. Les rafales se suivaient, pressées et hurlantes, coupées par de brèves accalmies, et de la profondeur de l'oasis venait un long mugissement fait du sifflement du vent dans les branches, des chocs et des craquements des longs troncs flexibles tordus par la tempête.

A chaque instant, des toiles de tente, arrachées du sol, volaient au-dessus de la plaine comme de grands oiseaux blancs rayant les ténèbres, et la nuit restait quand même très claire, sous le scintillement continu des étoiles.

Un moment, j'essayai de m'allonger à terre, roulé dans ma couverture ; mais, au bout d'un instant, j'étais inondé d'une telle couche de poussière et de gravier, pénétrant sous mes vêtements, m'emplissant la bouche et les oreilles, que je dus me résigner à faire les cent pas, tout le reste

---

(1) Cette compagnie fut remplacée, à Djenan-ed-Dar, par une autre venue du Kreider.

de la nuit, derrière le petit mur en pierres sèches qui abritait le poste. Combien j'enviais alors la tranquille insouciance de mes hommes, étendus derrière leur mur, insensibles à la vague de poussière et de sable qui peu à peu les recouvrait !

Vers minuit, le tirailleur placé en sentinelle à 20 pas en avant, et jusque-là très calme, s'anima tout à coup, comme en proie à une vive inquiétude. Il venait de s'accroupir, tendant la tête vers la palmeraie, et m'appelait à lui par de petits signes pressants. En quelques bonds je le rejoignis, me dissimulant de mon mieux derrière la touffe de drinn qui l'abritait lui-même. De son bras étendu il me montrait l'oasis dont la bordure épaisse, entre ses deux falaises, masquait tout un côté de l'horizon ; mais je ne distinguai rien tout d'abord. Il fallait des yeux d'Arabe pour arriver à percer ces épaisses ténèbres, et c'est seulement au bout de quelques minutes que je pus apercevoir, à une certaine distance, six points blancs réunis en groupe et paraissant immobiles.

Juste à ce moment la tempête commençait à diminuer de violence, et la fine poussière dont l'atmosphère était saturée tombait lentement dans la nuit de plus en plus transparente. Bientôt ces points blancs me parurent plus distincts, se détachant nettement sur le fond sombre de l'oasis dont ils se trouvaient à mi-chemin environ, et je me rendis compte alors qu'ils avançaient lentement, très lentement dans la direction du camp.

C'étaient évidemment les éclaireurs d'une bande marocaine dont le gros devait se trouver quelque part, à l'abri des palmiers ; ou bien encore de simples pillards en quête de maraude, et je réfléchissais à la conduite à tenir, quand subitement tout disparut ; comme par enchantement, les six taches blanches s'étaient évanouies dans les ténèbres.

Décidément l'affaire devenait intéressante, et il fallait

de toute nécessité la tirer au clair. J'envoyai mon sergent avec une dizaine d'hommes, pour voir ce qu'il advenait de ces coureurs nocturnes, et je lui recommandai de faire un assez grand détour à gauche, de façon à longer le pied de la falaise qui borde l'oasis à l'ouest. Tout le poste était sur pied, l'arme à la main, et j'attendais avec impatience, lorsqu'au bout d'un quart d'heure ma patrouille revint, amenant avec elle six sokrars du convoi tremblant et demandant grâce. Tout fut expliqué en un instant.

Malgré la défense formelle de quitter le camp après la tombée de la nuit, mes pseudo-Marocains, qui avaient négligé pendant le jour d'aller remplir leur guerbas (1), étaient partis à l'oasis, à la faveur de l'ouragan, et le sergent les avait trouvés derrière un amas de rochers, discutant entre eux sur les meilleurs moyens de rentrer au camp sans attirer l'attention.

Comme je pouvais remarquer qu'ils avaient été déjà soigneusement « passés à tabac » par les hommes de la patrouille, je jugeai inutile de sévir davantage, et je me contentai de les renvoyer purement et simplement après une petite semonce.

14 mai.

Etape à Ksar-el-Azoudj. — La route n'était pas longue ce jour-là (18 kilomètres environ) et le soleil était levé déjà depuis un moment lorsque la colonne s'ébranla au milieu du vacarme assourdissant des conducteurs et de leurs chameaux. Pauvres chameaux ! On les avait poussés la veille, très tard, en un immense troupeau, tout le long du ruisseau de Fendi, pour leur permettre de s'abreuver largement ; durant sept jours, en effet, ils ne devaient pas trouver une seule goutte d'eau, et, dans leur instinct de

---

(1) Sortes de peaux de bouc dans lesquelles les Arabes transportent l'eau.

coureurs du désert, habitués aux immenses solitudes, ils avaient dû prévoir cette longue période de jeûne, car leurs flancs rebondis et ballottants comme des outres pleines témoignaient d'une réserve abondante emmagasinée pour les jours d'épreuve.

Les sokrars, eux aussi, s'étaient amplement approvisionnés de cette bonne eau fraîche de Fendi, et, sur chaque chameau, on pouvait voir, soigneusement abritées du côté opposé au soleil, les guerbas bien garnies et suintantes avec leurs longs poils humides.

Si l'étape n'est pas forte, en revanche le terrain est mauvais et difficile avec ses milliers de cailloux aigus qui tordent et finissent par blesser les pieds. La route traverse sur toute sa longueur un des derniers contreforts du djebel Grouz, et c'est une succession ininterrompue de mamelonnements aux pentes raides, d'arêtes rocheuses et de petits lits d'oueds desséchés aux flancs abrupts.

Pour arriver à l'emplacement choisi pour le camp, il fallait dévaler une dernière et longue pente très rapide, sillonnée de ravins, pavée de dalles rocheuses, et je me demande encore comment les chameaux, alourdis pourtant par leurs charges, purent surmonter de pareilles difficultés sans se briser dix fois les jambes.

Nous retrouvions là l'immense plaine abandonnée depuis Djenan-ed-Dar, avec la Zousfana que nous ne devions plus quitter maintenant et dont le lit complètement à sec longeait la face gauche du camp.

La grande rivière est en cet endroit très profonde et très large (200 mètres au moins) et l'on se rend compte qu'elle doit rouler par moments de véritables torrents d'eau en voyant ses rives déchiquetées et à pic, avec çà et là, à demi enfouis dans le sable, les troncs d'arbres énormes que le courant a entraînés.

Une végétation puissante, sortie des couches inférieures constamment humides, garnit chaque rive d'une ligne

épaisse de lauriers-roses et de tamaris aux touffes larges
et enchevêtrées. C'est un fouillis de verdure qui surprend
d'abord et réjouit la vue au milieu de l'immensité grise et
terne qui l'entoure.

Deux puits avaient été creusés dans le sable au milieu
de la rivière ; on y avait trouvé l'eau en assez grande abondance, à 2 mètres à peine de profondeur, mais, par contre,
atrocement magnésienne, et je ne pus retenir une affreuse
grimace en avalant la première gorgée. Pareil mécompte
devait nous arriver souvent par la suite ; car, en dehors de
la région des grandes dunes, où l'on boit l'eau de pluie
filtrée par les sables, il est bien rare de trouver des puits
dont l'eau ne soit pas quelque peu chargée de sel.

Ce jour-là, la surprise ne fut pas seulement désagréable pour nous, car les chevaux et le troupeau, que l'on
faisait boire dans des auges en bois emportées à cet effet,
firent la fine bouche et renaclèrent devant ce breuvage peu
tentant ; seuls les mulets de la compagnie montée, moins
délicats, se laissèrent aller à de copieuses libations.

15 mai.

Pour l'étape de Ksar-el-Azoudj à Hassi-el-Mir, le commandant avait le choix entre deux routes, ou plutôt deux
directions : la première passe au nord de la rivière,
qu'elle longe à 2 ou 3 kilomètres, en suivant une grande
plaine dénudée et sablonneuse, pour la traverser ensuite
un peu avant d'arriver à Hassi-el-Mir. Cet itinéraire est
le plus long (28 kilomètres), à cause du grand détour qu'il
fait vers le nord pour éviter les dunes de sable bordant
cette rive de la Zousfana ; mais, par contre, le terrain est
généralement très bon et favorable à la marche.

Le deuxième itinéraire consiste à franchir la rivière à
Ksar-el-Azoudj et à suivre constamment sa rive gauche ;
la route est raccourcie de 4 à 5 kilomètres, mais le terrain,

parsemé de gros cailloux et coupé de crevasses et de ravins, est excessivement pénible.

Le commandant se décida pour la première solution, et l'aube se levait à peine lorsque le convoi commença de s'ébranler dans la grande plaine grise.

Ma compagnie, ce jour-là, formait l'échelon de manœuvre à droite et en avant, et, dès le départ, la marche fut agrémentée par le spectacle d'un sport tout nouveau pour moi. Devant nous, de nombreux lièvres se levaient, affolés par cette invasion extraordinaire, et détalaient dans toutes les directions ; il nous en partait jusque dans les jambes, et nos tirailleurs, armés presque tous de bâtons, coupés l'avant-veille dans l'oasis de Fendi, les lançaient avec une adresse merveilleuse, manquant rarement leur but.

En arrière, sur les flancs de la colonne, les bachamars se passionnaient eux aussi pour ce genre de chasse familier aux habitants des Hauts-Plateaux. On les voyait par groupes de deux ou trois, partir au galop rapide de leurs chevaux, derrière les petits points jaunes bondissant dans la plaine ; par des cris bizarres ils excitaient leurs montures, et, quand ils arrivaient à bonne portée, faisaient tournoyer au-dessus de leur tête la longue « matraque » avant de la lancer en avant comme une fronde. Vivement alors ils mettaient pied à terre et ramassaient leur lièvre les jambes brisées, ou quelquefois simplement étourdi par le choc.

J'étais stupéfait de voir tout ce gibier dans ces étendues arides, et, maintenant encore, je me demande comment il peut y vivre ! Ces paisibles animaux ne sont pourtant pas les seuls habitants des plaines sahariennes. Evidemment les grands fauves n'y pourraient trouver à se nourrir et l'expression « lion du désert » a toujours été une ineptie. Mais les chaudes poussières désertiques récèlent, à côté des insectes de toutes sortes qui y pullulent, un reptile fort dangereux avec lequel je fis connaissance ce jour-là, et que je devais revoir souvent par la suite. Je marchais tranquillement, précédant ma section, quand des éclats de voix en arrière et un remue-ménage inusité me firent retourner la tête. Mes hommes étaient arrêtés et faisaient cercle autour d'une espèce de petit lacet grisâtre, qui se tortillait sur le sol. Ils venaient de tuer une vipère à cornes, et ils m'expliquèrent que je l'avais sans doute heurtée en marchant, car ils l'avaient vue se dresser subitement et me piquer à la jambe. Heureusement, je portais de hautes jambières et les crocs du dangereux reptile avaient dû glisser sur le cuir ; je ne pus, en tout cas, en retrouver aucune trace.

A une dizaine de kilomètres de Ksar-el-Azoudj, la plaine se resserre, réduite à une coulée large de quelques centaines de mètres, entre les dunes qui bordent la Zousfana et une montagne élevée, le djebel Moumen, sorte de gros cube granitique que rien ne rattache aux hauteurs voisines et qui semble avoir poussé là comme par enchantement. Les parois à pic de cette montagne, véritable mur de 6 à 7 kilomètres de long, dominent à l'infini l'immense plaine saharienne ; aussi fut-il question, quelques mois plus tard, d'établir en ce point un poste optique de liaison entre les postes de Taghit et de Djenan-ed-Dar.

Longtemps je le reverrai en imagination, ce Moumen, car il tient une large place dans mes souvenirs comme témoin d'une des mes premières grosses émotions.

Ma compagnie allait aborder l'étranglement et longer le pied de la montagne, lorsqu'un spahi, arrivant de l'arrière et lancé à toute bride, jeta en passant, au capitaine, l'ordre de s'arrêter. Il continuait sa course effrénée dans la direction de la cavalerie que nous apercevions à un kilomètre en avant, et, au bout de quelques minutes, les deux pelotons de chasseurs qui se trouvaient là s'arrêtèrent également et firent demi-tour pour se rapprocher du convoi.

Quelle pouvait être la cause de cet arrêt ? Une animation extraordinaire semblait agiter toute la colonne, et nos hommes déficelaient déjà leurs paquets de cartouches. lorsque le capitaine, parti aux renseignements, revint nous annoncer que l'on s'attendait à une attaque imminente des Marocains. La patrouille de spahis marchant sur le flanc droit de la colonne avait aperçu un groupe nombreux de cavaliers indigènes défilant au nord derrière le djebel Moumen ; sûrement nous allions être chargés, soit à droite, soit en tête ; en tête, plutôt, car les Marocains essayeraient probablement de profiter de l'étranglement de la plaine et de la végétation assez épaisse qui pousse sur les rives de la Zousfana.

Le convoi venait de s'arrêter lui aussi, sa première face déployée, et, derrière, la queue continuait de serrer, les groupes s'entassant les uns sur les autres, bousculés et pressés par les spahis qui obligeaient les sokrars à faire « baraquer » leurs chameaux (1).

Un quart d'heure se passa dans l'énervement de l'attente. Tout à coup, au loin, vers l'avant, un nuage de poussière, très haut, s'avança en tourbillonnant sous la poussée du vent qui commençait à souffler. Etait-ce l'attaque ? En tout cas, il fallait empêcher les Marocains de se jeter dans les dunes d'où ils pourraient approcher à bonne portée du convoi, et essayer au contraire de les attirer et de les maintenir dans la plaine. C'était le rôle de la cavalerie. Sur un signe du commandant, le demi-escadron de chasseurs se prépara à la charge. Le capitaine Risch commanda : « Sabre au clair ! » et la petite troupe partit au trot en colonne par peloton.

Ils avaient l'air calmes et décidés, nos chasseurs, sur leurs petits chevaux fringants, et ils s'envolèrent rapide-

---

(1) Baraquer les chameaux, c'est les faire coucher et leur entraver les jambes de devant pour les empêcher de se relever.

ment, bientôt cachés à nos yeux par un épais nuage de poussière.

Les minutes qui suivirent nous parurent longues, et un peu d'angoisse nous serrait le cœur, tandis qu'avidemment nous tendions l'oreille vers la plaine silencieuse où l'on se figurait entendre par instants crépiter la fusillade. Le moment était-il venu de recevoir enfin le baptême du feu et de se distinguer ? Pourvu que les chasseurs nous les amènent ! C'était la question que tous, intérieurement, nous nous posions, en fixant la plaine mystérieuse que l'on voyait déjà balayée par les salves. Nos tirailleurs joyeux et pleins d'entrain, dans leur gros amour de la poudre, serraient de leurs mains crispées le canon du fusil où ils avaient déjà glissé une cartouche, et leurs yeux, dilatés par l'espoir, brillaient étrangement dans leur figure bronzée.

Hélas ! le rêve fut court et le réveil pénible ! Ils revinrent, nos chasseurs, mais la mine déconfite, au pas de leurs montures et le sabre au fourreau ; et le bon capitaine Risch avait l'air désolé quand il rendit compte au commandant qu'il n'avait trouvé, en fait de Marocains, que les goumiers du capitaine Brenau, faisant la halte à 3 kilomètres de là, sous un bouquet de tamaris. C'était leur groupe que les spahis avaient vu de loin contournant le djebel Moumen, et le convoi pouvait continuer sa route en toute sécurité (1).

Quant au nuage de poussière qui avait causé la deuxième alerte, il provenait simplement des tourbillons que le vent chassait devant lui. Depuis quelques instants il soufflait par intermittences, soulevant une quantité de trombes de sable qui nous incommodaient beaucoup. Ces trombes, en tout point semblables à celles que j'ai pu observer une fois sur la mer, avaient la forme d'un colossal entonnoir ;

---

(1) Par la suite, et pour éviter les méprises de ce genre, les goumiers et mokhazenis ont été dotés d'une sorte d'uniforme consistant en un burnous bleu.

partant du sol, où elles s'alimentaient, elles tournaient sur elles-mêmes en spirale pour aller se perdre dans les profondeurs du ciel. Leur vitesse était celle d'un cheval au galop, et tout ce qui se trouvait sur leur passage était très violemment secoué.

La marche avait repris dans la plaine sablonneuse, sous les hautes murailles à pic du djebel Moumen, et, lorsque nous fûmes arrivés à hauteur de son éperon ouest, le convoi tourna brusquement à gauche pour traverser la Zousfana.

J'ai dit plus haut que cette rive de la Zousfana est bordée de petites dunes sur une largeur de plusieurs kilomètres. Or, cette bande de sable se rétrécit sensiblement en face de l'éperon, et l'on profita, pour la traverser, de cette particularité bien connue. Il nous fallut cependant plus d'une heure d'efforts inouïs pour atteindre la rivière, tellement elle est terrible cette poussière ténue des sables dans lesquels on enfonce jusqu'à mi-jambes ! Elle est terrible surtout pour les malheureux chevaux dont les étroits sabots pénétrent si profondément que parfois leur ventre en rase la surface. La fatigue serait déjà douloureuse si les couches friables s'étendaient horizontalement ; mais elles se bossèlent en interminables mamelons contigus dont les parois s'inclinent à 45 degrés, selon la pente naturelle des terres.

A chaque enjambée, les animaux se contractent et se distendent avec une violence qui semble devoir disloquer leur ossature. Ajoutez à cela une chaleur torride et pas une goutte d'eau !

Nous arrivâmes enfin à la Zousfana, qui se divise à cet endroit en plusieurs branches étroites, formant une largeur totale de 200 à 300 mètres. Je voulus faire reposer un instant mes hommes dans un de ces ravins aux pentes raides dont le fond est sec et brûlant comme s'il était pavé de charbons ardents. Quelques touffes de tamaris m'y incitaient par leur ombre ; mais l'air y était si lourd que la suffocation nous obligea d'en sortir presque aussitôt.

Pendant ces quelques minutes de halte, des hordes de mouches nous assaillirent. Que faisaient-elles ici les malheureuses ? Et je les regardais accourir de loin et s'abattre sur une tranche de saucisson que je venais de jeter pendant que la rondelle se décomposait et norcissait à vue d'œil sous leurs assauts acharnés !

Deux heures plus tard, nous arrivions à Hassi-el-Mir. simple puits creusé dans le lit de la rivière. L'eau, par extraordinaire, est là d'une limpidité et d'une fraîcheur remarquables, et ce fut un vrai plaisir pour tous après la surprise amère de Ksar-el-Azoudj. Mais, un seul puits, c'était bien peu pour toute la colonne ; aussi les sokrars, désespérant d'être servis avant la tombée de la nuit, demandèrent-ils au commandant la permission d'emprunter à nos hommes quelques outils portatifs. Avec leur üair infaillible, cherchant l'eau, sentant l'humidité à travers les sables, ils réussirent à découvrir non loin de là un emplacement favorable, et ils s'escrimèrent si bien, de leurs pioches et de leurs pelles-bêches, qu'au bout d'une heure ils avaient creusé une espèce d'entonnoir colossal où l'eau suintait à plusieurs mètres de profondeur.

16 et 17 mai.

Etape d'El-Morra, terme de notre voyage. Nous devions trouver là un détachement venu d'Igli, auquel nous allions passer notre immense convoi, ces milliers de chameaux aux beuglements sans fin et ces nuées de sokrars sordides dont les cris gutturaux nous déchiraient les oreilles.

Ma compagnie formait la 1re face et la compagnie montée du 2e étranger la précédait à une centaine de mètres. Rien de curieux comme ce mélange de cavalerie et d'infanterie ! Ces unités, constituées en moyenne à 200 hommes, sont divisées en quatre sections commandées chacune par un lieutenant. Elles possèdent un nombre de mulets égal à la moitié de l'effectif de la compagnie, c'est-à-dire un mulet pour deux hommes, de sorte qu'il y a toujours une moitié de chaque section marchant à pied. Les deux demi-sections alternent entre elles toutes les heures. Après la halte horaire, celle qui était montée passe les mulets à l'autre, et ainsi de suite. Les hommes marchent sans sac, chaque mulet portant, outre son harnachement et sa nourriture, le paquetage et les vivres de ses deux cavaliers. Ce chargement est évidemment très lourd ; mais les animaux, choisis avec soin, sont d'une solidité et d'une endurance à toute épreuve, et supportent très facilement des étapes de 40 et de 50 kilomètres.

Notre compagnie montée était chargée tout spécialement du forage des puits ; elle avait emporté de Djenien les outils nécessaires, et chaque jour, deux ou trois heures avant l'arrivée à l'étape, elle quittait le convoi et partait en avant pour commencer le plus tôt possible le travail de désensablement du puits.

Cette étape d'Hassi-el-Mir à El-Morra se présente sous des aspects assez variés. Au début, c'est une série d'innombrables petites dunes qui avoisinent la Zousfana et rendent la marche excessivement pénible. Pendant une heure, il faut, comme la veille, jouer « aux montagnes russes » dans ces collinettes de sable meuble où l'on enfonce jusqu'aux jarrets ; puis, le lit de la rivière s'infléchit vers le nord-ouest pour aller longer les pentes du djebel Béchar. Alors la plaine recommence uniformément plate, rocailleuse et tapissée çà et là d'énormes choux-fleurs verdâtres.

Vers la fin de l'étape, le pays change insensiblement d'aspect ; il s'anime et s'égaie à mesure que l'on avance, comme aux approches d'une zone fertile qui semble près de succéder aux espaces frappés de stérilité. C'est une région de dayas qui s'annonce. Les dayas sont des dépressions de la plaine saharienne, des sortes d'immenses cuvettes à la pente presque insensible, où les eaux de pluie viennent s'accumuler de très loin et séjournent pendant un certain temps. Ces points, où se déposent quelques limons et où s'infiltre une certaine quantité d'eau, acquièrent alors une fertilité relative. Le drinn et le retem y poussent en abondance, ombragés de grands bétoums (1) et de jujubiers sauvages.

Les dayas se distinguent des oasis en ceci : c'est que l'oasis a une production très variée, renferme presque toujours des palmiers et manque rarement d'eau, tandis que la daya, presque toujours à sec, n'offre jamais d'autres arbres que cette espèce de lentisque géant.

La daya d'El-Morra, quoique située dans un enfoncement, se voit de très loin, la dépression de la vallée étant à peine appréciable. Dans le sable, de gigantesques pieds de coloquinte étendent comme des poulpes leurs longs tentacules rampants garnis de petites courges qui ressemblent à des citrons. Des nuées de papillons bruns voltigent dans les jujubiers ; des lièvres partent devant nous, et chaque fois des spahis ou des bachamars se lancent à leur poursuite, le corps penché sur le cheval, les talons en arrière.

Les nombreux chiens qui suivent la colonne donnent la chasse aux gerboises. Rien de joli comme cet animal sauteur, de la taille d'un rat, plus rond, avec sa tête d'écureuil ses immenses pattes postérieures et sa longue queue terminée par une touffe de poils gris ! Au milieu de ses détours, de ses bonds prodigieux, on n'aperçoit que deux pelotes qui tourbillonnent de compagnie, la queue poursuivant le corps.

Il était midi quand nous arrivâmes à l'étape et le camp fut dressé en pleine daya, la 1re face abritée en partie sous

---

(1) Pistachier-térébinthe.

une belle rangée de bétoums, dont l'ombre allait être utilisée avidement pour l'installation des popotes. Ces arbres nous paraissaient merveilleux, après les longues plaines dénudées que nous venions de traverser, et l'un d'eux, surtout, destiné à la popote de l'état-major, atteignait presque la hauteur des grands chênes de France.

Le bétoum est un arbre d'une vitalité lente et robuste. Tout en lui est serré, rude et condensé, écorce et feuillage. Il doit arriver à un âge fantastique ; on n'en voit jamais de jeunes, et c'est un phénomène très singulier qui reste inexpliqué pour moi.

Son feuillage est invariablement nivelé par la dent des dromadaires à la plus grande hauteur où ces bêtes peuvent brouter, 3 mètres environ ; il en résulte une régularité pour ainsi dire classique, un composé d'arbres tous pareils, mais de hauteurs diverses, en forme de sphères coupées que soutiennent d'épaisses colonnes.

Quelques jujubiers rompent suffisamment cette monotonie ; ce sont des arbustes à feuilles très petites, d'un vert foncé, très massifs et gracieux, s'élevant à 2 ou 3 mètres, mais tellement épineux qu'on n'en peut approcher sans y laisser quelque chose de sa personne. Les soldats les ont surnommés « brûle-capotes ».

. . . .

Cependant, vers le sud-ouest, un nuage de poussière, s'élevant et s'élargissant peu à peu nous annonçait l'approche du détachement d'Igli, et celui-ci arriva peu après, installant ses tentes à 100 mètres des nôtres.

Il y avait là trois compagnies de légion, une compagnie du 2ᵉ tirailleurs, un peloton de spahis et un peloton de chasseurs d'Afrique, sous les ordres du commandant Brundsaux, du 1ᵉʳ étranger. Pour éviter l'encombrement au camp d'Igli, ils ramenaient avec eux un nombre de chameaux non chargés égal à celui que nous allions leur remettre.

Dès leur arrivée, une question importante se posa : celle de l'eau. Il fallait en trouver suffisamment pour les deux masses réunies, et déjà nos corvées étaient au travail, creusant et désensablant les cinq puits que les caravanes, depuis de longues années, avaient ouverts dans ce fond de daya.

Nous les avions trouvés bouchés jusqu'à l'orifice de toutes les matières et de tous les sables que le vent charrie avec lui, et, cinq heures seulement après l'arrivée, on put découvrir l'eau à une profondeur moyenne de 8 mètres. Et quelle eau ! Grise, boueuse, épaisse. Je regrettai bien alors de ne pas avoir emporté avec moi un peu d'alun pour l'éclaircir ! Il aurait fallu pouvoir attendre, la laisser déposer ; mais nous avions soif, et la soif prime toute autre considération. Elle était d'ailleurs relativement fraîche.

Toute la nuit et toute la journée du lendemain, qui était jour de repos pour les deux colonnes, les corvées fonctionnèrent, le débit étant très restreint. Dans chaque puits on descendait un homme attaché sous les bras au moyen d'une corde. Avec une gamelle individuelle il remplissait peu à peu les seaux que l'on faisait glisser jusqu'à lui ; mais souvent il fallait s'arrêter, attendre, devant le réservoir épuisé, que les parois aient laissé filtrer une nouvelle nappe d'eau. Impossible de creuser davantage : au fond, c'était le rocher s'étendant comme une dalle immense sous les couches souterraines de la daya. Il avait fallu rationner tout le monde et, pendant ces deux jours, personne ne fît de toilette ; l'idée ne nous en venait même pas ; cela eût semblé du gaspillage, alors que les hommes, manquant d'eau pour faire la soupe, rôtissaient tant bien que mal leur viande et mangeaient leur biscuit sec. On réussit cependant, le soir du deuxième jour, à faire boire un peu les chevaux et les mulets, qui n'avaient pas bu depuis Hassi-el-Mir. On put tirer pour chacun d'eux environ un quart de seau d'une sorte de bouillie liquide ; et, quand ils avaient tout lampé d'un trait, ils restaient là, tendant le cou vers l'orifice du puits et refusant de partir, lamentables avec leurs gros yeux ronds injectés de sang et leurs naseaux desséchés où les poussières s'accumulaient depuis le grand lavage de Fendi.

Le soir, malgré cette grande disette, il y eut fête au camp. Les officiers du bataillon avaient invité à leurs popotes les camarades du détachement Brundsaux, et nos cuisiniers avaient fait des prodiges avec les éternelles boîtes de conserves que l'administration nous délivrait sur bons remboursables. Nos repas n'étaient pas très variés en général ; et l'ordonnance des menus, même dans ces grandes solennités, ne demandait jamais un grand effort d'imagination. C'étaient toujours les potages « Maggi », le mouton matin et soir, car les bœufs emmenés par le convoi étaient destinés à la colonne d'Igli ; enfin les conserves de légumes, haricots verts, petits pois, flageolets, tout cela d'ailleurs d'excellente qualité.

Ce soir-là, la popote de ma compagnie était supérieurement installée sous l'épais feuillage d'un bétoum, et nous nous étions mis en frais pour recevoir convenablement les camarades de la 7ᵉ compagnie que le tirage au sort nous avait désignés. L'eau manquait bien un peu, et le vin plus encore, car les officiers n'avaient droit qu'au quart de litre par repas ; mais j'avais heureusement emballé, avant le départ, quelques bouteilles de bière et de champagne et, moyennant cet appoint sérieux, tout marcha à merveille.

Nous ne nous lassions pas de faire décrire à nos hôtes les paysages du Sud que nous ne devions pas voir, les hautes dunes de l'Erg, les ksours, le camp d'Igli et les difficultés rencontrées au passage de Taghit. C'était un vrai crève-cœur pour nous, ce demi-tour qu'il faudrait faire le lendemain ; mais toujours cependant l'espoir nous restait que tout n'était pas fini, que les opérations prendraient de l'ampleur et que notre tour viendrait de nous enfoncer dans les régions inconnues, dans les grandes solitudes lointaines. Nous n'avions, en somme, rien vu encore des surprises et des merveilles du Sahara, et mon imagination sans cesse me ramenait à cette description du Grand-Erg avec ses dunes immenses s'étendant à l'infini, hautes et pressées comme les vagues de la mer.

Vers la fin du repas, les conversations dévièrent : des souvenirs revenaient des temps passés et des campagnes anciennes. Quelques-uns avaient vu Madagascar ; ils comparaient entre eux les deux pays et alors Yézid, notre sous-lieutenant indigène, qui jusque-là n'avait pas ouvert la bouche, commençait timidement des explications embrouillées, puis, prenant de l'assurance peu à peu, se lançait à corps perdu dans des descriptions enthousiastes, avec son jargon bizarre, mi-français, mi-arabe.

Car il avait fait la campagne de Madagascar, ce brave Yézid ; il était parti là-bas comme sergent, et sa belle conduite lui avait valu, au retour, les galons de sous-lieutenant. De tous les souvenirs amassés en vingt-cinq ans de services, c'étaient ceux de Madagascar qui restaient en lui les plus vivaces et les plus précieux. C'était son grand titre de gloire et je ne l'ai jamais vu si heureux que lorsqu'on lui fournissait l'occasion de chevaucher son dada favori.

Ce soir-là il était gai, le bon Yézid, beaucoup plus gai que d'habitude ; car, si en bon musulman il ne buvait jamais de vin, il avait, par contre, un faible pour le champagne, « la gazouze », comme il l'appelait. Pour lui, le champagne n'était pas du vin, mais une sorte de limonade de qualité supérieure, et il le dégustait lentement, à petits coups, avec le plaisir sans mélange que donne une conscience tranquille.

Il racontait par le menu, dans un ordre que je finissais par connaître aussi bien que lui, tous les détails de sa campagne ; revenant inlassablement sur certains épisodes, toujours les mêmes, et les mots de « Madagascar », « Tananarive », « Superbieville », etc., les faits les plus futiles, prenaient une saveur étrange et nouvelle dans sa bouche avec son jargon bizarre.

Brave Yézid ! Il ne brillait pas par l'intelligence et ne roulait jamais de grosses pensées dans sa tête calme au front étroit ; mais c'était un serviteur modèle, un bon compagnon dévoué, accomplissant toujours ponctuellement les ordres qui ne demandaient pas trop de réflexion ou d'initiative.

Il était tard quand on se sépara. Quelques heures de nuit seulement nous restaient avant le départ du lendemain, et j'avais à peine commencé à m'assoupir sur l'étroit lit de camp où je m'étais jeté tout habillé, lorsque plusieurs coups de fusils tirés près de là me firent bondir hors de ma tente. Que se passait-il donc ! Déjà, de tous côtés, des tirailleurs sortaient de leurs abris l'arme à la main ; des appels, des ordres se croisaient ; puis, soudain, tout bruit s'éteignit, tout rentra dans l'ordre. C'était encore une fausse alerte ! Des sokrars, comme toujours quelque peu oubliés à la distribution d'eau, avaient voulu remplir leurs guerbas aux puits. L'un d'eux, tombé au fond, s'était cassé une jambe, et ses camarades affolés, oubliant toute prudence, avaient, par leurs cris et leur remue-ménage, attiré l'attention des sentinelles voisines. Deux blessés, l'un dans sa chute, l'autre par une balle, tel était le bilan de leur escapade.

18 mai.

De nouveau, nous entrions dans la grande plaine sablonneuse qui conduit à Hassi-el-Mir. Le convoi sortait de la daya, dont les derniers arbustes, de plus en plus rares, tachaient de plaques vertes l'immense étendue désolée, et, dans l'atmosphère transparente du matin, nous pouvions apercevoir, en tournant la tête, les derniers groupes du détachement d'Igli, disparaissant dans le sud-ouest au milieu d'un épais nuage de poussière.

Devant nous, le djebel Moumen barrait l'horizon de toute la largeur de sa carrure géante, et il semblait tout près, avec ses contours très nets et les larges crevasses de ses murailles à pic, bien qu'il fût encore à plus de 40 kilomètres.

J'étais à la 4ᵉ face, derrière l'ambulance dont la longue file de mulets serpentait au milieu des groupes, avec les malades geignant, horriblement secoués sur leurs cacolets ou leurs litières. Parfois, un chameau fatigué se couchait, refusant d'aller plus loin et beuglant lamentablement sous les coups des sokrars. Vivement, on amenait un animal haut-le-pied ; les sokrars voisins accouraient à l'aide et, en deux minutes, le chargement avait passé d'un dos sur l'autre ; puis toute la bande repartait comme une volée de moineaux pour rattraper le convoi, sous la poussée brutale des spahis.

D'autres fois c'était, au contraire, un chameau trop vigoureux ou mal chargé qui partait brusquement au galop, jetant l'affolement dans les groupes, ou bien filant dans la plaine, semant partout, dans ses bonds désordonnés, les différentes parties de son chargement. Alors les bachamars se lançaient à ses trousses à toute allure, tandis que les malheureux sokrars, toujours courant comme de pauvres chiens de berger, s'éparpillaient en tous sens pour ramasser les objets semés en route.

Mais tous ces petits incidents de marche, qui me divertissaient tant les premiers jours, me semblaient maintenant sans aucun intérêt. Au fond, j'étais navré de revenir sur mes pas et j'aurais donné un empire pour continuer à m'enfoncer dans le sud, là-bas, vers cet Igli qui me semblait si lointain et si mystérieux ! Faudrait-il continuer jusqu'au bout à escorter ces stupides convois ? Faire tou jours le même chemin et les mêmes étapes ? Jolie campagne, ma foi ! Et nous aurions une belle moisson de souvenirs à rapporter de là !

Castella, qui marchait tout près de moi, en tête de sa section, rageait lui aussi en tortillant sa belle barbe blonde, et seul l'imperturbable Yézid, avec le calme de l'Arabe que rien n'étonne et qui ne s'émeut de rien, suivait gravement son chemin, sans désirs et sans regrets.

Tout à coup un arrêt se produisit dans la colonne. Toute la masse, sans que nous nous en doutions, avait serré sur la tête, et les cavaliers, sur les flancs, rejoignaient rapidement, rappelés sans doute par quelque signal. Que se passait-il ? Encore une fausse alerte ! Mais nous attendions, très calmes cette fois, lorsque le capitaine adjudant-major, arrivant au galop, vint donner l'ordre à une partie de l'ambulance de se porter en tête. En peu de mots il nous mit au courant.

Un courrier venait d'arriver, porteur d'un message important : nous devions faire demi-tour pour aller renforcer la colonne d'Igli. Cette mesure était prise à·la suite des mêmes événements qui avaient motivé notre arrêt de trois jours à Fendi.

Le 16 mai, un de nos agents au Maroc, le Dr Linarès, et notre consul à Fez avaient confirmé les renseignements reçus au sujet de la proclamation de la guerre sainte au Tafilalet, et le général commandant la division d'Oran, inquiet de la situation, avait demandé télégraphiquement à faire renforcer la garnison d'Igli, en y envoyant l'escorte du convoi Dutartre.

La proposition avait été approuvée. La compagnie montée et le demi-escadron de chasseurs devaient continuer leur route sur Djenan-ed-Dar, ramenant avec eux les chameaux vides du détachement d'Igli, ainsi que tous les malades du convoi. Quant à nous, nous allions camper de nouveau à El-Morra ; et déjà nous repartions dans la direction du sud, enchantés et pleins d'entrain, pendant que nos tirailleurs criaient : « Igli ! Igli ! » comme autrefois les grenadiers de Napoléon devaient crier : « Moscou ! »

19 mai.

Aux premières lueurs de l'aube, la colonne se mettait en route dans la direction d'El-Moungar. Une rosée abondante était tombée pendant la nuit et la daya resplendissait sous ces milliers de fines gouttelettes étincelantes au soleil levant. De tous côtés des lièvres surgissaient, détalant rapidement, et nous marchions depuis une demi-heure à peine lorsqu'un troupeau de gazelles apparut sur la droite à moins de 200 mètres. Le premier bachamar qui l'aperçut se lança à ses trousses comme la foudre ; un deuxième partit presque aussitôt, puis un autre, et un autre encore, et bientôt une dizaine de cavaliers, c'est-à-dire presque tous les bachamars qui nous restaient sillonnèrent la plaine à la poursuite du troupeau affolé. Adieu, préoccupations de la route et conduite des chameaux ! Adieu, consigne ! Demandez cela à des Arabes ! Quant à arrêter nos gaillards, autant vouloir empêcher un tonneau de poudre de sauter une fois l'étincelle mise !

C'était une course vertigineuse, désordonnée, un tumulte de cris et de détonations, une vision fugitive de corps penchés, de fusils en joue, de crinières échevelées dans la vapeur des naseaux, les fumées de la poudre, les nuées de sables laissant en arrière une immense traînée comme le panache d'une locomotive.

Devant eux, une douzaine des jolis animaux au ventre blanc, aux cornes couchées sur l'encolure, fuyaient éperdument avec une si prodigieuse détente de jarrets qu'il était impossible de voir si leurs petits sabots touchaient le sol.

Les bachamars durent renoncer à les atteindre. Pas un

coup de feu n'avait porté, et 'ous les cavaliers, leur arme déchargée, se virent forcés d'abandonner la chasse. Leur tentative était d'ailleurs condamnée d'avance, car on ne force pas ainsi pareil gibier, et j'aurai l'occasion plus loin de raconter tout au long comment s'y prennent les Arabes, vrais chasseurs de gazelles, pour venir à bout de ces gracieux et agiles animaux.

Peu après, la colonne sortit de la daya. Le soleil, déjà haut, éclairait superbement l'immense chaîne du djebel Béchar, dont la Zousfana longe les derniers contreforts à une dizaine de kilomètres à droite de l'itinéraire que nous suivions.

Rien de plus sinistre, de plus caractéristique que ces montagnes ! Leurs flancs sont taillés à pic, en falaises, et leurs sommets, au lieu d'une succession de courbes, n'offrent que de grandes lignes horizontales presque toutes au même niveau. On dirait un môle sans fin, ou plutôt une interminable fortification avec créneaux et bastions, une espèce de muraille de la Chine.

Tout à coup, vers la gauche, à l'extrême limite de l'horizon, une longue ligne d'un jaune rougeâtre apparut, imperceptible d'abord, puis s'élargissant peu à peu à mesure que nous avancions.

C'était la dune, la lisière du Grand-Erg. De plus en plus sa silhouette se précisait dans le ciel infiniment bleu, avec ses pointes aiguës et ses contours en dents de scie, tandis que devant nous se déroulait toujours la plaine immense, onduleuse, grise, sans une ombre, sans une aspérité.

Nous marchions depuis des heures. La chaleur commençait à me rôtir les épaules et j'éprouvais des difficultés à respirer dans cette atmosphère étouffante, sans la moindre brise, lorsqu'on atteignit El-Moungar (1).

---

(1) El-Moungar El-Acherat : contrefort de la chaîne du Béchar

Je ne me rappelle rien de si triste et de si désolé que cette plaine rocailleuse où la colonne campa ce jour-là ! Pas un arbuste, pas une touffe d'herbe ! Comme il était inutile d'envoyer les chameaux à un pâturage qui n'existait pas, ils durent se contenter de leur maigre ration de 2 kilos d'orge.

El-Moungar est généralement choisi comme lieu de campement, d'abord parce qu'il coupe en deux parties égales la route d'El-Morra à Zaouia-Foukania, ensuite parce qu'on y trouve des redirs. Ces redirs sont des sortes de longues crevasses du terrain en forme de fossés, où l'eau de pluie vient s'accumuler et séjourne quelquefois pendant des mois en hiver et au printemps.

On trouve là un petit réservoir d'eau couleur café au lait, ou bien simplement une croûte de boue fendillée. Cette eau a un goût terreux et renferme des myriades de têtards rouges repoussants. Elle est saine comme toutes les eaux de pluie; filtrée et rafraîchie, on la trouve excellente, à moins que les chameaux n'y aient laissé des traces de leur passage ; elle excite alors un insurmontable dégoût, et c'est un cas fréquent.

Les Arabes, dont les moindres actes doivent être étudiés et mis à profit dans la vie du désert, préfèrent cette eau à celle plus limpide des citernes, qui manque d'oxygène et fourmille d'insectes ; ils disent que l'eau du redir désaltère et nourrit en même temps. La vérité, c'est qu'ils l'aiment par habitude, n'en ayant que rarement d'autre.

En tout cas, les redirs d'El-Moungar étaient à sec. Il fallait puiser dans la provision de notre convoi traînée à dos de chameau, et le commandant put se réjouir d'avoir résisté à la tentation de faire une distribution d'eau à El-Morra.

---

se terminant par un éperon rocheux, visible de très loin, et qui donne son nom à la plaine environnante.

En somme, nous préférions la b⌓⌓⌓⌓eau emportée de Fendi à tous les redirs du monde, et, si une distribution fut impatiemment attendue, c'est bien celle de ces tonnelets que l'on commençait à répartir entre les diverses unités. Mais il est dit quelque part que plus l'espérance a été grande, plus la désillusion est amère, et elle fut atroce en effet, notre désillusion, quand on ouvrit ces tonnelets tant désirés ! Une odeur épouvantable s'en échappait, rappelant celle des œufs avariés et prenant à la gorge, et nous restions là, lamentables et écœurés, devant ce que nous retrouvions de cette belle eau fraîche de Fendi, après un ballottement de six jours à dos de chameau, en plein soleil, par une température de 45 à 50 degrés à l'ombre.

Il n'y avait cependant pas à hésiter : c'était la suprême ressource et on dût se résigner à se gargariser avec ce breuvage infect, en attendant que les cuisiniers en aient fait bouillir une certaine quantité pour lui enlever, sinon son odeur, du moins les produits malsains de sa décomposition.

Cette déconvenue, qui devait nous arriver fréquemment par la suite, et qui maintenant doit se produire souvent encore, pourrait sans doute être évitée avec des soins et quelques dispositions spéciales. Il est nécessaire de bien nettoyer les tonnelets avant le remplissage, de les passer à l'acide chlorhydrique et de veiller de près à la solidité des cercles. Il y aurait lieu de les munir d'une broche attachée au cerceau avec une chaînette métallique, et non d'une bonde sans épaisseur qui se perd souvent dès les premiers jours, ou que les hommes trop pressés enfoncent dans les récipients. Mais le tonnelet actuel offre encore d'autres inconvénients ; il est trop lourd (15 à 17 kilos) et constitue un poids mort considérable. On pourrait le remplacer par des caisses cylindriques en aluminium, garanties contre les chocs par une solide armature en bois, munie de chaînettes d'attache plus longues et plus légères que les chaînes actuelles.

Au lieu de 45 litres, on pourrait augmenter leur capacité jusqu'à 60 litres, de façon à faire transporter facilement 120 litres à chaque chameau. La fermeture serait assurée par un bouchon métallique à vis, fixé à l'armature au moyen d'une chaînette.

20 mai.

Depuis plusieurs heures nous marchions pour franchir la dernière étape avant la région des oasis que nous allions aborder le soir à Zaouia-Foukania.

Toujours la même température accablante et le même soleil rayonnant. Sur le ciel splendide, la masse uniforme des montagnes du Béchar, vers le nord, se détachait en relief comme un mur. Dans le lointain, brouillé par la réfraction, les derniers monticules apparaissaient détachés du sol comme des rochers flottant en l'air, et, vers le sud, les dunes, tout près de nous maintenant, dessinaient sur l'étendue bleue leurs sommets aigus et leurs formes très nettes, comme découpées à l'emporte-pièce.

Enfin, nous l'avions atteint, cet Erg tant attendu ! Et la colonne commença bientôt à en longer le pied, à quelques centaines de mètres, pour ne plus le quitter jusqu'à Igli.

Mais alors la chaleur, pourtant très forte, déjà, devint tout à coup suffocante et atroce. La réverbération, sur ces masses de sable rougeâtre, était effrayante, et il se dégageait de là une température de fournaise dans laquelle nous avancions hébétés, comme ivres, le cerveau en feu et tout près d'éclater.

Les bidons, qui contenaient encore quelques gouttes d'eau, furent vidés en un instant, et, à la chaleur épouvantable, vinrent s'ajouter bientôt les tourments de la soif, une soif inextinguible qui collait la langue au palais, et dont les tortures augmentaient à chaque minute dans notre impuissance à l'apaiser. Les chameaux eux-mêmes commençaient à fléchir. Mal nourris dans ces plaines aux pâturages pauvres, n'ayant rien bu depuis Fendi, c'est-à-dire pendant sept jours entiers, ils avaient perdu leurs forces tous les jours un peu plus, et bientôt de nombreux cadavres parsemèrent de taches brunes l'étendue grise en arrière de la colonne. Déjà, la veille, nous en avions perdu une dizaine ; mais ce jour-là, dans le coup de chaleur atroce envoyé par la dune, la queue des traînards s'allongeait indéfiniment, malgré les efforts désespérés des bachamars et des spahis.

Les plus fatigués étaient délestés et leurs charges réparties sur les animaux haut-le-pied ; mais cette mesure ne suffisait déjà plus à rendre leur énergie aux chameaux exténués.

A chaque instant, l'un d'eux s'arrêtait et s'accroupissait lentement, avec à peine la force de pousser quelques beuglements plaintifs. Sous les excitations et les coups des sokrars il se redressait quelquefois, mais le plus souvent, restait impuissant, comme insensible, tortillant désespérément son grand cou et bramant de façon lamentable. Alors il fallait employer la ressource suprême, c'est-à-dire lui glisser sous le ventre une poignée de brindilles sèches auxquelles on mettait le feu. Sous la morsure de la flamme, et s'il lui restait encore quelques parcelles d'énergie, le chameau se relevait péniblement et repartait de son pas traînant.

Dans ce cas-là il était sauvé, car ces animaux, même lorsqu'ils sont en bonne santé, éprouvent une grosse difficulté à se relever ; quand ils l'ont fait, ils peuvent marcher longtemps encore, si leurs conducteurs les surveillent assez pour les empêcher de s'accroupir de nouveau.

Si l'épreuve du feu restait inefficace, on appelait l'officier des affaires indigènes chargé du convoi, qui ordonnait alors la mise à mort immédiate, car aucun chameau ne devait être abandonné vivant à la merci des rôdeurs du désert.

Et c'était rapidement fait : d'un coup de couteau, les sokrars lui ouvraient la gorge, puis un immonde travail commençait, consistant à lui enlever la peau du dos et des flancs pour en confectionner plus tard des chaussures. Généralement, si le convoi était loin déjà, ils n'attendaient même pas pour cela que la misérable bête eût achevé de mourir. A coups pressés ils fouillaient sa peau, l'arrachant par grands lambeaux sanglants, pendant que le chameau, son long cou allongé dans le sable, tressaillait éperdument et achevait d'exhaler ses beuglements plain‑tifs.

Enfin, vers midi, les premiers palmiers du Zaouia-Foukania apparurent dans le lointain, dominant la plaine rase, et chacun se sentit pris d'une ardeur nouvelle à l'approche de la bienheureuse oasis. Les chameaux eux-mêmes tendaient le cou, sentant l'humidité, et, lorsqu'on arriva près du ksar, ce fut une poussée furieuse, impossible à contenir, vers les récipients de toutes sortes, fournis par les indigènes, que la cavalerie, dès son arrivée, avait fait remplir.

L'oasis ne renfermait aucun cours d'eau, mais seulement quelques puits très abondants creusés çà et là, et il fallut se servir des auges que la colonne avait emportées pour abreuver les chameaux. Il était grandement temps, pour nos malheureux porteurs, d'arriver au point d'eau, car nous en avions perdu trente-cinq pendant cette dernière étape ; ce qui montre bien que le chameau, malgré son endurance et sa sobriété peu communes, ne supporte pas impunément de longues périodes de fatigues et de privations.

C'est ce que dit d'ailleurs le colonel d'Eu dans son ouvrage sur *In-Salah* : « Le chameau n'est pas, comme trop d'officiers seraient disposés à le croire, un animal qui ne mange ni ne boit, tout en faisant 4 à 5 kilomètres à l'heure, avec un fardeau exagéré sur le dos. Cet animal est sobre, il est vrai, mais il est relativement fragile et il a besoin de soins. Pour fournir un bon service, il ne doit pas être trop chargé ni poussé dans la marche (à moins de nécessité). Il ne faut pas compter faire avec lui plus de 3 km. 500 à l'heure. Sa marche doit être lente et régulière. Il faut le conduire sagement.

» Outre les chameaux porteurs, il est indispensable d'avoir en supplément un certain nombre d'animaux haut-le-pied, calculé d'après la force du convoi, la durée du trajet, le pays à parcourir, etc. On peut l'estimer du dixième au quinzième de l'effectif total.

» Le chargement ne doit pas dépasser 150 kilos. Il y a même intérêt à se tenir au-dessous de ce chiffre : soit 120 kilos en moyenne. Il faut encourager les bonnes relations entre soldats et sokrars, et veiller à ce que ceux-là n'abusent pas des chameliers et ne les brutalisent.

» Le sokrar est un être particulier qu'il faut étudier, connaître et surveiller. Ceux que l'on reçoit généralement ne sont pas propriétaires des animaux, et ils ne s'en occupent que si on les y force. Ces gens-là ont certainement des qualités spéciales de sobriété et d'endurance ; ils sont braves, mais ils ont aussi les défauts de leur race poussés à l'extrême ; ils sont paresseux, fourbes et rapaces, et ils réclament sans cesse contre le service.

» A part cela, ce sont des auxiliaires indispensables, dont il faut s'occuper et que l'on doit traiter avec justice.

» Pendant la marche, les sokrars peuvent ramasser du drinn et autre nourriture pour l'animal, si possible, mais, toutefois, sans sortir de la colonne. Dès que l'on arrive au campement, le chameau est déchargé avec précaution, et, si le pays et les circonstances le permettent, il est envoyé de suite au pâturage.

» On fait boire le chameau chaque fois qu'on le peut. S'il boit tous les jours, il ne s'en porte que mieux ; mais c'est chose difficile dans les contrées sahariennes, surtout en été. Cependant, si le chameau reste plusieurs jours sans boire, il dépérit ; s'il y a exagération, il meurt. »

21 mai.

Séjour à Zaouia-Foukania. — En compagnie de quelques camarades, j'employai ma matinée à la visite du ksar. Ce village, le premier de la tribu des Beni-Goumi, est bâti au bord d'une coupure étroite et profonde, qui est là vallée de la Zousfana ; car nous avons retrouvé la grande rivière saharienne après son long détour vers les monts du Béchar, et maintenant la colonne la suivra exactement jusqu'à Igli.

De l'autre côté de cette coupure se dressent les pentes escarpées d'un plateau rocheux qui suit, depuis le Béchar, la rive droite de la Zousfana, et qui étend à l'infini vers l'ouest ses solitudes stériles et dénudées.

Yézid, notre interprète ordinaire, avait été chargé de trouver un guide pour nous piloter dans la visite du ksar, et, parmi la foule grouillante des indigènes qui regardaient curieusement l'installation du camp, son choix s'était arrêté sur un des gros bonnets de l'endroit, riche propriétaire, membre de la Djemaa (1), et quelque peu marabout en même temps.

Le digne personnage ne payait pourtant pas de mine avec ses jambes nues, sa « gandoura » crasseuse et une espèce de chiffon sale enroulé en forme de turban autour de sa tête.

Il avait été stupéfié sans doute par le passage de ces colonnes et de ces convois aux milliers de chameaux, car

---

(1) Assemblée des notables du village, sorte de Conseil municipal.

Yézid nous traduisit ainsi ses premières paroles. « La France est forte, elle est puissante, elle a beaucoup d'argent, beaucoup de chameaux, beaucoup d'hommes, mais que venez-vous chercher dans ce pays où il n'y a que du sable et des cailloux ? »

Nous étions tous fort embarrassés, mais nous lui fîmes répondre cependant que la France aimait bien les Arabes, que nous apportions avec nous beaucoup d'argent, et que nous leur achèterions plus tard leurs dattes et autres produits que les nomades et pillards comme les Bérabers leur volaient tous les ans.

Le ksar de Foukania se compose, comme tous les autres ksours, d'une accumulation de petites maisons, serrées les unes contre les autres pour s'abriter mutuellement du vent et du soleil. Des ruelles tortueuses le traversent et des remparts l'enclosent, bordant un étroit chemin de ronde. Les maisons sont faites de pisé ou de sable ; la pluie en a émoussé les angles, les tons en sont roussis par le soleil.

Il n'y a d'autres ouvertures que des portes basses et des trous où sont adaptés des troncs de palmiers creusés, sortes de gargouilles par où l'eau des terrasses s'écoule sur la voie.

On circule entre deux rangées de murs grisâtres, dépourvus de toute espèce d'ornements, et qui ont l'air cuits.

L'intérieur de ces masures répond mal à la curiosité qu'elles font naître. On y trouve de petites chambres sans lumière, sans autres meubles que des nattes, des vaisselles rudimentaires et où règne une odeur nauséabonde. Quelquefois la maison n'est autre chose qu'une enceinte formée d'un simple mur : cette espèce de cour est garnie, aux coins, de niches grossières semblables à des chenils. La famille grouille et cuisine en plein air. Les rues adjacentes sont des impasses encombrées de bâtisses désordonnées, des culs-de-sac suspects et malsains où l'on n'entre qu'avec une vague appréhension.

Quelques demeures relativement riches se cachent dans ce fouillis, et on retrouve bien là cet esprit inquiet et jaloux qui pousse l'Arabe à se dissimuler : il enterre sa maison sous d'immondes taudis, son jardin dans des murailles, son argent dans des trous ; il n'est tranquille que lorsqu'il a tout caché, lui compris.

La rue est excessivement étroite ; quand deux ânes chargés s'y rencontrent, il faut que l'un d'eux se dissimule sous une porte. L'encombrement y est perpétuel et personne ne se dérange ; il faut souvent franchir un âne couché. Les hommes sont assis contre les murs, et, quand ils allongent leurs jambes sur le chemin, les pieds touchent à peu près de l'autre côté.

La marmaille est innombrable et plus que négligée dans ses atours. Les tout petits enfants sont nus, plus que nus, ayant la tête tondue ; on en voit d'extrêmement jeunes, de l'âge où nous laissons encore les nôtres au maillot, courir avec une sûreté d'aplomb incroyable, en dépit d'un ventre énorme porté sur des jambes grêles ! Ils ont souvent des grappes de mouches collées aux coins des yeux, au nez, aux lèvres ; personne ne s'occupe d'eux ; ils ne pleurent presque pas.

Les petites filles ne sont guère plus propres ni plus soigneuses que leurs frères ; elles sont vêtues de la « gandoura » à raies bleues ou rouges ; souvent un long voile de couleur pourpre les enveloppe des pieds à la tête. Elles portent aux poignets et à la cheville des cercles de ferblanc, et aux oreilles de grands anneaux de cuivre. Elles ont les cheveux noirs, quelquefois déguisés sous une teinte rutilante due au henné, abondants mais rasés sur les tempes, assez courts et embrouillés au point de les maintenir presque droits.

Elles sont toutes tatouées, et cela ne les défigure pas

trop. Leurs robes n'ont pas de manches, de sorte qu'on voit complètement le bras, ses attaches et le côté de la poitrine, comme dans l'antique, et ce bras est fort beau ainsi que les jambes. Des fillettes de 8 à 10 ans sont à peu près formées ; la gracilité des membres a déjà disparu et fait place à des formes superbes.

Il va sans dire qu'elles ont de très beaux yeux rehaussés d'une bordure de « koheul » et des dents admirables. Beaucoup ont de jolies figures, un peu étranges, douées d'une expression farouche qui séduit. Leurs ongles, l'intérieur de leurs mains, leurs pieds, frottés au henné, sont d'un beau jaune orange.

Ce n'est pas là qu'il faut venir pour voir des femmes ! Les jeunes sont enfermées ou s'enferment ; on n'aperçoit que de vieilles sorcières prodigieusement décrépites. Leur face émaciée et chassieuse disparaît à moitié sous un turban graisseux ; on dirait qu'il leur a coulé de l'huile sur la tête et que la tache infecte a descendu, en diminuant, le long des reins. Il faut à la vieillesse, à défaut de coquetterie, au moins la propreté qui éveille le respect ; ainsi représentée, elle est repoussante.

D'ailleurs, ces créatures n'ont de la caducité que les apparences ; ce sont des femmes de 35 à 40 ans, abruties par la condition faite à leur sexe. Elles travaillent sans répit ; on les voit passer branlant sous les plus durs fardeaux. Elles lavent, préparent le couscous, tissent, charient de l'eau, soignent les enfants. Les jeunes profitent de leur éphémère beauté pour ne rien faire et commander despotiquement ; cet heureux temps, pour elles, sera de courte durée.

Après le ksar, on visita la palmeraie, qui s'étend sur une longueur de 3 à 400 mètres dans toute la dépression de la vallée. Je l'avais vue déjà un peu, la veille, au moment des corvées d'eau ; mais c'était par l'étouffante chaleur de l'après-midi, et elle me parut beaucoup plus belle par cette matinée radieuse, sous les gouttelettes de rosée qui faisaient scintiller les haies des clôtures, les plates-bandes du sol, la frondaison intermédiaire des arbres fruitiers, et les hauts panaches des dattiers.

Une circulation plus active de la sève avait reverdi les feuilles ; au lieu de se soulever en nuages suffocants, la poussière des chemins, alourdie par l'humidité, remuait à peine sous les pieds et répandait une vivifiante senteur de terre mouillée.

Pendant un quart d'heure, le ramage des oiseaux, l'éclat des fleurs, les parfums de toute cette végétation en pleine vie me remplirent de bien-être dans cette atmosphère rafraîchissante ; mais, soudain, je me sentis aveuglé par la lumière, en même temps qu'un air plus lourd me chauffait : c'est que les palmiers avaient disparu au-dessus de nos têtes ; nous étions arrivés à la lisière de l'oasis.

Les oasis sahariennes ne sont pas riches en animaux domestiques. A part les troupeaux de brebis et de chèvres paissant de maigres pâturages, on n'y trouve que de rares ânes et de plus rares chameaux pour les transports. Le cheval manque, sauf dans les plus belles oasis, où le chef en possède deux ou trois. Un peu de laitage, des dattes, des figues, une bouillie d'orge composent la nourriture ordinaire des naturels.

Le dattier est le grand bienfaiteur de ces solitudes africaines. Cet arbre élégant, qui épanouit son panache quelquefois à 25 mètres de hauteur et qui pousse spontanément partout où l'humidité imprègne le sous-sol, n'ambitionne aucunement de « dormir la tête à l'ombre et les pieds au soleil ». Il lui faut, au contraire, plonger ses racines dans la fraîcheur et rôtir son chef en plein air. Mais ses fruits, qui ne sauraient être comparés à ceux du Fezzan ou de Biskra, ne s'exportent presque pas.

Les dattiers servent non seulement à l'alimentation, mais encore aux constructions, où leurs troncs font l'office de poutres, tandis qu'avec leurs branches on confectionne les toitures. Rien de plus solide que ces sortes de matelas formés de palmes successivement durcies ! On les emploie telles quelles, ce qui donne aux plafonds des apparences de cavernes. Sans ce bon végétal géant, la vie n'existerait pas dans cette partie de l'Afrique. Aussi les races indigènes se montrent-elles reconnaissantes envers lui : elles le vénèrent comme une chose sainte. Les plus petits « marabouts », les plus modestes « koubbas » en sont ombragés.

Dans leurs jardins, les indigènes cultivent certains autres produits : l'orge pousse çà et là aux endroits les mieux abrités des vents du sud, mais ses tiges, très espacées, n'ont qu'un rendement bien faible par rapport à l'étendue des champs. Il leur arrive même de ne pas du tout sortir de terre, lorsque la sécheresse s'est montrée par trop excessive.

Parmi les arbres fruitiers qui ornent les oasis, j'ai toujours admiré le grenadier, dont la floraison écarlate tranche superbement sur le vert des palmes ; et la grenadine indigène, la vraie, la seule qui mérite ce nom, n'est peut-être pas étrangère au culte que je lui ai voué. A l'époque où ce fruit est assez mûr, on en exprime le jus dans des récipients pour le boire aussitôt, et on ne peut rien imaginer de plus savoureux que ce liquide gazeux et rosé.

Je n'aurais garde d'omettre le henné et le safran dans la nomenclature des arbres des oasis, et c'est peut-être de ces régions sahariennes que viennent la teinte dont se parent certaines élégantes chevelures de notre capitale, et l'arôme dont s'assaisonnent les bouillabaisses de la Provence.

Enfin, on y trouve aussi des légumes, oignons, tomates, fèves, concombres, etc..., et j'essayai même, quelques années plus tard, à Beni-Abbès, de planter des pommes de terre dans le modeste jardin que nous avions loué pour la popote à l'un des propriétaires du ksar. Mais ma tentative ne fut pas couronnée de succès, bien que je n'eusse pas épargné la cendre et le fumier : sur 50 kilos plantés, je récoltai tout juste 32 kilos de pommes de terre à peine grosses comme des noix.

22 mai.

Après avoir quitté Zaouïa-Foukania, la colonne, de nouveau, devait longer la dune pendant 4 kilomètres, jusqu'au col de Taghit. En ce point, l'Erg et le plateau élevé qui lui fait face se rejoignent presque, laissant entre eux un petit mamelonnement rocheux, bordé à droite par la coupure de la Zousfana. Sur ce mamelon est bâti le ksar de Taghit, sorte de nid d'aigle commandant d'un côté la vallée et de l'autre l'étroit chemin que devait suivre le convoi au pied de l'Erg, dominé lui-même au nord par la falaise à pic bordant la rivière, et au sud par une dune énorme, la plus haute de la région.

Pour franchir le col, il faut passer sous les murs du ksar, peuplé de bandits qui s'arrogeaient sans scrupules le privilège de faire payer un droit de passage à tous ceux qui se présentaient ; et nous avions appris à El-Morra, par nos camarades du détachement d'Igli, que la colonne Bertrand, elle-même, avait éprouvé des difficultés.

En effet, le 1ᵉʳ avril, en arrivant devant le défilé de Taghit, la colonne avait trouvé les Ksouriens armés, sur leurs murs, et lui interdisant le passage. Or, d'après les instructions du ministre des affaires étrangères, le commandant de la colonne, tout en faisant preuve d'une grande vigilance, devait, autant que possible, éviter les « histoires » et sa mission devait être considérée comme un succès s'il arrivait à Igli sans tirer un coup de fusil.

Fidèle à ces instructions, le colonel Bertrand avait d'abord parlementé pendant vingt-quatre heures ; puis, devant l'intransigeance des Ksouriens, il s'était contenté de faire mettre en batterie la section de montagne, sans toutefois lui prescrire d'ouvrir le feu, et d'envoyer une compagnie de tirailleurs sur la grande dune pour prendre en flanc les défenseurs du ksar.

Intimidés par ces mesures préparatoires, les habitants de Taghit s'étaient inclinés, et le passage avait pu s'effectuer sans autre incident.

Il était probable qu'après cette espèce de soumission notre colonne ne serait pas inquiétée, et, cependant, plus d'un parmi nous espéraient encore, en arrivant devant la position, y découvrir les indices d'une résistance quelconque. Mais non, tout était calme ; aucun bruit suspect et pas de guerriers sur les murs ; seuls, des groupes d'enfants curieux et craintifs et çà et là quelques vieillards mélancoliques nous regardèrent passer, tandis que nous défilions un à un dans l'étroit sentier, entre la masse énorme de la dune et les murs élevés du ksar.

Au delà de Taghit, le col disparaît pour faire place à un vaste plateau long de 5 à 6 kilomètres, sur lequel on peut reprendre la marche en carré ; puis, de nouveau, le défilé reparaît interminable entre les sables où l'on enfonce jusqu'aux mollets et la palmeraie qui couvre le fond de la vallée.

Malgré les difficultés de la marche, on ne peut s'empêcher d'admirer cette oasis splendide qui s'étend depuis Taghit jusqu'à Zaouia-Tahtania, c'est-à-dire sur une longueur de 12 kilomètres, avec une largeur moyenne de 200 mètres. La Zousfana, sortie de terre, l'arrose d'un bout à l'autre d'un mince filet d'eau, et des puits nombreux permettent d'irriguer facilement les jardins.

Il y a lieu d'insister ici sur une singularité des rivières du Sahara (je parle des plus grandes qui tarissent rarement), et qui est l'intermittence de leur cours. Elles ont un lit de sable admirablement tracé, où roule, l'hiver et

après les orages, leur flot limoneux ; mais, en temps ordinaire, l'eau n'y apparaît que de distance en distance ; elle
sort tout à coup du sable par suintement, par filtration,
on ne sait trop comment, suit aussitôt sa pente, disparaît
un peu plus loin, poursuit sans doute son cours souterrain
et reparaît bien au delà.

Si les causes géologiques de ce phénomène sont encore
obscures, la sagesse de la nature y éclate manifestement ;
car, à couler au soleil, ces ruisseaux n'iraient pas loin
sans s'évaporer. En se frayant un passage sous la croûte
du thalweg, ils parcourent d'aussi longues distances que
nos fleuves, en fécondant par-ci par-là d'heureuses parcelles de terrain sur des étendues immenses.

Chaque apparition de ces courants mystérieux est marquée par une manifestation joyeuse de la vie : des roseaux, des tamaris, des lauriers-roses, des palmiers s'élèvent sur les rives, des bandes d'oiseaux y accourent, les
troupeaux sauvages viennent s'y désaltérer, l'Arabe y
bâtit ses ksours.

Indépendamment des ksours de Taghit et de Zaouia-
Tahtania, deux autres villages, Barrebi et Bakti, allongent
leurs maisons basses à l'ombre des palmiers, et l'on sent
dans toute cette région une source de vie et d'animation
surprenante, après les longues étendues désertes. C'est la
grande tribu des Béni-Goumi, gens relativement riches et
généralement paisibles, comme tous les habitants des
ksours, qui sont traités en esclaves par les tribus nomades
et guerrières du Tafilalet et du Haut-Guir et rançonnés
par eux invariablement tous les ans. Malheureusement,
cette belle oasis est appelée à disparaître un jour. L'Erg
gagne chaque année, poussant d'une façon insensible,
mais continue, ses épaisses vagues de sable. Déjà, les palmiers en bordure ont disparu en partie, montrant seulement la frondaison verte de leurs têtes au-dessus des
troncs noyés, et il est à prévoir que dans cent ans, deux

cents ans peut-être, la mer de sable aura tout submergé pour ne s'arrêter définitivement qu'aux falaises à pic du grand plateau de la rive droite.

Pour franchir le long défilé qui nous séparait encore de Zaouïa-Tahtania, on avait adopté les dispositions suivantes : une compagnie, traversant la palmeraie, avait escaladé par un véritable sentier de chèvres les pentes rocheuses du plateau ; elle marchait parallèlement à la colonne, en flanc-garde mobile, pendant qu'une autre compagnie (la mienne) devait protéger le flanc gauche, en faisant occuper successivement par ses sections les dunes les plus hautes, sur toute la longueur du parcours. Je fus détaché, presque dès le début, pour m'installer avec ma section sur une de ces étranges collines, qu'on ne peut gravir qu'en suivant à la file indienne les arêtes aiguës, où les sables, plus tassés et plus compacts, offrent une certaine résistance. Elle était très haute, dominant toutes les dunes environnantes d'une cinquantaine de mètres, et, quand j'arrivai au sommet, je pus admirer à loisir le panorama effrayant et splendide qui se déroulait devant moi.

A perte de vue, l'Erg étendait vers le sud ses masses jaunes et tourmentées, flamboyant sous l'ardent soleil. Sans interruption, les dunes se succédaient à l'infini, houleuses et pressées ; c'était un chaos indescriptible de pics, de dômes, de crêtes, de croupes dont le vent avait moiré les surfaces et comme poli les flancs. On aurait pu croire les vagues monstrueuses d'une mer en furie, subitement figée et transformée en sables ; et, de cette immense étendue morte, chauffée à blanc, une réverbération terrible se dégageait, brûlant les yeux et donnant le vertige.

C'était bien là le vrai désert attendu, rêvé, la région mystérieuse et inviolée où rien ne vit, où l'on ne trouve rien que la solitude et le grand silence !

Tout en bas, derrière nous, la colonne défilait lentement dans la poussière ténue des sables, serpentant comme un long ruban mince tout au bord de la palmeraie.

Un à un les chameaux passaient, alourdis par leur charge et balançant leur grand cou, avec toujours le même air indifférent de bêtes soumises, habituées à toutes les misères, et, dans l'intervalle des groupes, des compagnies entières suivaient, homme par homme, marchant péniblement, empêtrées dans les sables comme dans une épaisse couche de terre glaise.

Enfin, au bout d'une heure, la queue de la colonne apparut, l'ambulance avec ses mulets pesamment chargés, et, plus loin, les fractions de l'arrière-garde.

Ma mission était terminée, et, après un dernier regard sur l'immense étendue déserte, je rejoignis, avec ma section, les éléments de queue du convoi.

Zaouïa-Tahtania, où nous arrivâmes deux heures plus tard, est un ksar bien modeste, plus petit que les ksours précédents et a l'air particulièrement misérable. D'ailleurs, la palmeraie qui finit là est pauvre ; les palmiers, de plus en plus clairsemés, abritent mal quelques parcelles de jardins sablonneux et calcinés où rien ne pousse. Le village lui-même, adossé à la dune et déjà à moitié englouti par les sables, a l'air inanimé et comme éteint dans la certitude de sa fin prochaine.

Dès l'arrivée à l'emplacement choisi pour le camp, on me désigna pour aller, avec mon peloton, assurer la protection du pâturage, et je repartis immédiatement, au milieu de la débandade des chameaux déjà déchargés.

Ils étaient généralement peu enviés, ces tours de garde au pâturage, et considérés toujours comme une corvée désagréable et grosse de responsabilités. En effet, dans les régions pauvres où nous passions, les chameaux étaient obligés de se disperser sur des étendues considérables pour trouver un peu de nourriture ; on en voyait quelquefois à perte de vue sur tout l'horizon. Comment, dans ces conditions et avec un seul peloton, repousser une attaque quelconque se produisant sur un des points du pâturage ? Comment, surtout, aux environs de l'Erg, poursuivre et rattraper les animaux volés, si leurs ravisseurs les entraînaient dans les dunes ? J'étais donc très inquiet en grimpant sur le plateau de la rive droite, où j'allais essayer de trouver un emplacement convenable.

L'immense troupeau était dispersé au pied des dunes, dans la vallée que nous allions suivre le lendemain et sur une longueur de plus de 3 kilomètres. Un peu de végétation poussait là : quelques tamaris au feuillage calciné ; des retems, sorte de genêt aux branches longues et flexibles ; des touffes de drinn, variété de chiendent qui a surtout la propriété de fixer les dunes de sable et de poussière ; le hatab, le chiach, etc. Les animaux affamés se disputaient ces maigres pousses, fouillant les racines et rongeant jusqu'à l'écorce des branches.

Je pris position sur un éperon dominant une grande partie de la vallée avec une large bande des dunes en avant, et je me rassurai peu à peu en voyant chacune des hauteurs voisines, chaque piton de l'Erg et du plateau, occupé par des spahis dont les burnous rouges apparaissaient au loin, tranchant sur le ciel bleu comme des fanions.

D'ailleurs la journée fut calme, et rien ne se montra jusqu'au moment où la tombée de la nuit vint donner le signal de la rentrée au camp.

Pendant ma longue faction, j'avais pu observer à loisir cet immense plateau qui borde la vallée et que les cartes désignent généralement sous le nom de « Hamada ». Au-dessus des escarpements à pic de la falaise, il s'étend comme une longue plaine de rochers, sans autre végétation que quelques pauvres pâturages dans les dépressions où un peu de sable s'est accumulé. Son aspect est désolé ; aussi loin que la vue peut porter, on n'aperçoit qu'un sol nu, aride, sans traces d'animaux, corrodé et usé par le soleil, la pluie ou le vent ; tantôt fendillé par larges plaques en forme de dalles, tantôt réduit à l'état de pierrailles. Bien au loin, à des distances que l'œil ne peut apprécier, car tout point de comparaison lui manque, émergent quelques pics et, par-ci par-là, une dune.

C'est le désert du Hamada dans toute sa monotonie, bien autrement triste que le désert de sable. J'eus, par la suite, l'occasion de faire dans l'un et l'autre de longues étapes et j'ai pu en établir la comparaison. L'Erg, en effet, est accidenté par ses dunes aux contours variés et bizarres, et le voyageur peut y conserver l'espoir de trouver brusquement d'autres horizons. Dans le Hamada, nulle illusion de ce genre n'est permise : on y a la certitude démoralisante que jusqu'à la fin de l'étape, et encore le lendemain, on n'aura sous les yeux que la plaine inhospitalière de rochers nus et calcinés.

Si ces vastes plateaux n'occupent pas tout le Sahara, ils y tiennent une grande place, sinon la principale, et, durant les trois étapes de Taghit à Igli, nous allions les apercevoir sur la droite, bordant la Zousfana de leur longue ligne noire et triste. Plus tard, pendant mon deuxième séjour dans les régions sahariennes, je devais les retrouver au delà d'Igli, longeant la rive droite de la Saoura jusqu'à Beni-Abbès, et plus loin encore vers Kersaz, à hauteur de Timmimoun.

23 mai.

Cette étape de Tahtania à El-Aouedj me réservait, dès le début, une surprise agréable. Nous faisions une halte de quelques minutes, la halte horaire, lorsque je vis accourir vers moi mon fidèle ordonnance Kaddour, conduisant en main un cheval harnaché à la mode arabe. Il avait l'air tout guilleret et content de lui, et sa bonne figure bronzée riait d'aise tandis qu'il me disait :

« Mon lieutenant, l'étape il est long jourd'hui ; voilà, y en a bon cheval pour toi, ti marche tout seul. »

Il s'était tout simplement entendu avec un bachamar du convoi, qui avait consenti à lui prêter son cheval et à monter lui-même sur un chameau. J'acceptai de suite, sans une minute d'hésitation, non pas seulement à cause de la longue étape que nous avions en effet à parcourir, mais surtout parce que je savais qu'un refus de ma part eût causé beaucoup de peine à mon brave turco, et que je sentais derrière moi les hommes de ma section enchantés eux aussi de voir leur officier monter à cheval.

La mentalité des tirailleurs est, à ce point de vue, toute différente de celle des troupes de France.

Ce que je n'aurais pas fait dans un régiment de ligne, où les officiers doivent donner l'exemple de l'endurance, je pouvais sans crainte me le permettre ici, dans un pays où seuls marchent à pied ceux qui n'ont pas de quoi s'acheter un âne ou un cheval.

Celui qui marche à pied est considéré comme un miséreux par les indigènes, alors que ceux-ci ont au contraire une haute vénération pour tout ce qui est à cheval.

Aussi, les tirailleurs n'ont-ils jamais pu comprendre et admettre que les officiers ne soient pas tous montés, et c'était l'éternelle question que me posait Kaddour chaque fois qu'il fallait faire une longue marche ou une manœuvre pénible :

« Pourquoi le Beylick (1) ti pas donner un cheval ? »

Ils ont, pour leurs officiers, un dévouement et une vénération extraordinaires, et cherchent toujours à leur éviter une fatigue. Ainsi, quelques années plus tard, aux manœuvres, nous avions à franchir une rivière assez profonde où l'on enfonçait jusqu'aux genoux. Je m'apprêtais à y entrer, lorsque deux de mes hommes, arrivant par derrière,

---

(1) Gouvernement.

me saisirent dans leurs bras et me transportèrent de l'autre côté, tout ahuri, sans que j'eusse eu le temps d'esquisser le moindre geste de refus.

Je cheminais donc tranquillement sur mon cheval de bachamar, sous l'œil bienveillant et ravi de Kaddour que ses camarades de la section complimentaient, et, bien que je ne fusse pas habitué encore à la selle arabe, j'appréciais *in petto* la bonne aubaine en songeant à la longue étape sous le soleil torride.

Nous suivions toujours la même vallée encaissée entre la haute muraille du Hamada et les premières dunes de l'Erg, avec des détachements en flanc-garde à droite et à gauche.

Pendant une grande partie de la matinée, nous avions marché tranquillement à l'ombre, abrités par les falaises du Hamada ; mais le soleil, s'élevant à l'horizon, commença à inonder peu à peu la vallée de sa lumière aveuglante, puis il apparut au-dessus des crêtes ; alors la chaleur devint atroce dans cet étroit boyau, changé bientôt en véritable fournaise. Pas la moindre brise ! pas un souffle ! Rien qu'une sensation accablante d'étouffement, avec la réverbération insensée des rochers et des sables.

Le fond de la vallée est, dans cette région, semé de cailloux noirs, comme saupoudré de charbon, et ces cailloux luisaient, brillaient sous l'ardent soleil, donnant une illusion décevante d'humidité.

Pendant des heures ce furent les mêmes solitudes noires, pleines de miroitements ; par place, des salpêtres, des affleurements de sel y faisaient des marbrures grises. Rien ne volait, rien ne bougeait, et c'était partout le grand silence martelé en sourdine par le piétinement incessant et monotone de nos chameaux.

Vers midi, nous arrivâmes à une région moins morte. Au bord de quelque chose qui devait être le lit desséché d'un torrent, c'étaient quelques tamaris incolores, de pâles genêts à petites fleurs blanches et même deux hauts palmiers. Puis, le désert recommença plus sec et plus désolé encore jusqu'à l'étape d'El-Aouedj.

Là, on apprit, dès l'arrivée, qu'un soldat du bataillon d'Afrique, malade depuis quelques jours de la fièvre typhoïde, était mort en route. On allait l'ensevelir le lendemain matin avant le départ, et cette idée de la mort, à laquelle personne n'avait pensé jusque-là, éveillait en chacun de nous des sensations d'infinie tristesse dans ces solitudes affreuses, si loin de tout. Mais la nature humaine est ainsi faite qu'il suffit d'un incident heureux pour effacer, au moins momentanément, toute impression d'ennui, et le pauvre soldat du bataillon d'Afrique fut vite oublié lorsqu'on annonça qu'une distribution de pain frais envoyé d'Igli allait être faite.

Nous n'étions plus qu'à une journée de marche de ce poste, et le colonel Bertrand avait songé à nous faire cette bonne surprise en envoyant au-devant de nous une compagnie de tirailleurs.

Il faut avoir été privé de pain pendant quinze jours, comme nous l'étions, pour se rendre compte du plaisir que l'on peut éprouver à mordre à belles dents dans une bonne miche bien fraîche !

Depuis Djemien-bou-Resq, nous vivions sur notre approvisionnement de pain de guerre, et, si l'on se contente facilement de ces petits biscuits carrés pendant deux ou trois jours, on s'en fatigue très rapidement par la suite et l'on a beaucoup de peine à s'y habituer. Ils sont surtout peu pratiques dans les régions sahariennes, car ils empâtent la bouche et altèrent horriblement ; or, c'est un défaut particulièrement désagréable dans un pays où l'eau manque si souvent.

Au bout de quelques jours de route j'avais adopté, pour notre popote, un nouveau système : avec un peu de farine, fournie par l'administration, de l'eau et du sel, notre cuisinier nous confectionnait chaque jour une ou deux galettes. Il ramassait des crottes de chameau séchées, les faisait flamber et s'en servait ensuite comme d'une sorte de braise, qu'il disposait au fond d'un trou creusé en terre. Il étendait là-dessus sa galette, la recouvrait d'une épaisse couche de sable et la retirait ensuite au bout d'une heure, parfaitement cuite, tentante et fleurant bon, malgré les débris suspects qui y restaient quelquefois attachés. C'était là un pain bien primitif, lourd et indigeste ; mais, tel quel, nous le préférions au biscuit.

24 mai.

Il faisait encore nuit quand le réveil sonna dans le camp, jetant partout le mouvement et l'agitation de tous les matins.

C'était notre dernier jour de marche ; dans la soirée nous allions arriver à Igli : Igli ! le poste rêvé et attendu si longtemps, ce but si lointain, ce coin mystérieux de l'immense désert où, depuis quelques mois, se concentrait l'attention du monde algérien et de la métropole. Igli ! le terme de notre longue randonnée à travers le bled ; le repos bien gagné et indispensable à la suite de cette série d'étapes fastidieuses et accablantes, l'oasis rafraîchissante et parfumée après la longue journée de route dans l'aridité des sables et sous le soleil de plomb !

Cette pensée du repos prochain devait agiter tous les esprits et égayer les cœurs, car on sentait dans le convoi une activité inaccoutumée et un mélange d'entrain et de bonne humeur assez rares d'habitude à cette heure d'engourdissement et de demi-sommeil qui précède la levée du camp.

En un clin d'œil les tentes avaient été abattues et roulées, et les tirailleurs, blagueurs et affairés, se pressaient, bouclant les sacs et aidant au chargement du matériel de la compagnie. Ils ne s'arrêtaient de travailler et de parler que pour déguster à petits coups, dévotement, religieusement presque, comme les Arabes seuls le boivent, le quart de café que les cuisiniers venaient de faire chauffer.

Les chameliers eux-mêmes semblaient tout heureux à l'idée de l'arrivée prochaine. Le chargement, si compliqué et si long d'habitude, avait été mené rondement, et, bien avant l'heure fixée pour le départ, la plupart des chameaux étaient prêts à partir, debout sous leurs charges solidement amarrées. Calmes et graves, ils attendaient, avec leurs silhouettes grotesques vivement éclairées par les feux du bivouac, se projetant au loin, dans l'obscurité, en ombres colossales et fantastiques.

Tout à coup, une sonnerie de clairon retentit, immédiatement suivie d'un roulement de tambour, et subitement l'animation et l'allégresse disparurent dans le camp pour faire place à un silence mortel.

Dans la joie générale du repos prochain, tous avaient oublié le pauvre soldat du bataillon d'Afrique, mort pendant l'étape précédente, et que l'on devait ensevelir là, avant le départ. La veille au soir, sa compagnie avait creusé la fosse dans une anfractuosité de la montagne, entre deux rochers, où un peu de terre végétale s'était amassée, et un cercueil bien rudimentaire avait été confectionné avec quelque planches de caisses à biscuits. Maintenant la triste cérémonie allait s'accomplir.

Vivement, les compagnies s'étaient formées face à la montagne, dont les arêtes rocheuses commençaient à se profiler sous les pâles clartés de l'aube naissante. Le commandement de « Portez arme ! » retentit, transmis successivement d'une unité à l'autre, et tous, immobiles et étrangement émus, nous regardâmes ce coin de la falaise encore noyé dans l'ombre, où la chose se passait et où l'on n'apercevait que la petite lumière tremblante d'une lanterne. Dans le grand silence, on eût pu entendre battre le cœur de tous ces hommes qui allaient laisser là un des leurs, pauvre petit soldat, parti quelques jours plus tôt tout joyeux sans doute, dans un beau rêve de gloire, et qui n'avait trouvé qu'une mort obscure et inutile, avec une tombe perdue dans l'immensité sauvage et désolée où pas un des siens ne viendrait le retrouver.

De nouveau, une sonnerie retentit : tout était terminé. Le convoi se reforma en carré et la marche lentement reprit dans la direction du sud, au milieu de l'éternel vacarme des chameaux et des chameliers.

Nous suivions toujours la vallée de la Zousfana, qui présente en cette partie de son cours un fouillis ininterrompu de tamaris, de hatab et de tous les autres produits de la végétation saharienne. C'est une véritable rivière de verdure encaissée entre les pentes abruptes du Hamada et les dunes de l'Erg, et la marche y serait certainement agréable sans l'étouffante chaleur qui y règne et les myriades de mouches qui vous dévorent.

Vers la fin de l'étape, la falaise du Hamada s'abaisse et laisse entrevoir vers l'ouest un immense plateau de Reg (terrains caillouteux et incultes) qui se prolonge jusqu'à la vallée du Guir. Sur ce plateau, de nombreux troupeaux, les chameaux de la colonne d'Igli, étaient disséminés, à la recherche d'un pâturage, et j'apercevais au loin les vedettes qui les gardaient, se détachant sur les points culminants comme de minuscules statues.

Mais déjà de nombreux officiers du camp, partis au-devant de nous, arrivaient en tête du convoi ; des « Bonjour » jetés de loin, des poignées de main s'échangeaient, et, tout à coup, devant nous, au-dessus du plateau rocailleux, un long mamelonnement apparut garni de murs, de maisons, de baraques, le tout surmonté du drapeau tricolore : c'était le camp d'Igli.

VI

IGLI

—

Le camp et les environs.

Le 5 avril, la colonne Bertrand était arrivée à Igli sans y rencontrer la moindre résistance. A 6 kilomètres du ksar, au confluent de la Zousfana et de l'oued Guir, la djemaa s'était portée à la rencontre du commandant, en lui exprimant toute sa satisfaction de voir arriver les Français ; elle avait seulement demandé que le camp fût installé à une certaine distance, pour ne pas effrayer les femmes et les enfants.

Le lendemain, le caïd, absent au moment de l'arrivée de la colonne, était venu se présenter au camp. La colonne était arrivée dans un état sanitaire parfait ; un seul homme était entré à l'ambulance.

Elle devait tout d'abord rester à Igli seulement jusqu'à la fin des opérations qu'allait entreprendre au Gourara le colonel Menestrel, puis, à ce moment, remonter vers le nord après avoir laissé une garnison d'été. Mais, malgré les difficultés du ravitaillement et la rigueur du climat, il fut décidé, quelque temps après, de prolonger son séjour jusqu'au milieu de juin et même de la renforcer en raison de l'insécurité de la région et des menaces continuelles d'attaque de nos postes par les Berabers et les Douï-Menia.

Il fallait donc installer les troupes en vue d'une occupation définitive. L'emplacement du camp fut reporté un peu plus au nord (à 6 kilomètres du ksar), au confluent de la Zousfana et de l'oued Guir, en un point commandant les deux vallées. Il était constitué par trois plateaux étagés, entourés chacun d'un mur en pierres de 0 m. 65 d'épaisseur sur 1 m. 30 de hauteur, et occupés par les différentes unités, l'artillerie sur le plateau supérieur.

Les corps se construisirent eux-mêmes des gourbis ou abris en pierres sèches, afin d'éviter le séjour sous la tente, très pénible pendant l'été ; on éleva également des maisonnettes pour le service des affaires indigènes, l'ambulance, le commandant de la colonne, les officiers et les payeurs.

Six puits furent creusés dans l'oued Guir, en dehors du mur d'enceinte. à l'intérieur duquel on n'avait pu trouver d'eau.

Dès notre arrivée au camp, le bataillon fut installé sur la face sud, à l'étage inférieur, c'est-à-dire au niveau de la plaine environnante. Au point de vue sanitaire, l'emplacement n'était pas très favorable, car c'est là que pendant plus d'un mois les chameaux et les moutons de la colonne avaient été parqués, et nous retrouvions à chaque pas sur le sable les traces malodorantes de leur séjour. De plus, comme il fallait les maintenir sous la protection immédiate du camp, on s'était contenté de faire appuyer légèrement de chaque côté les deux groupes pour nous céder la place ; de sorte que nous avions à notre droite 2 à 3.000 moutons et, à notre gauche, 4.000 chameaux dont la moindre brise nous apportait les cris ininterrompus et les odeurs malsaines.

L'installation du bataillon terminée, et après la présentation officielle au colonel Bertrand, nous commençâmes la visite du camp en compagnie des camarades du 2ᵉ bataillon.

Rien de curieux comme ces organisations primitives que

je devais retrouver par la suite dans les différents postes
où j'allais passer. Il faut venir là, dans ces coins perdus
du Sud, pour se rendre compte de l'ingéniosité de nos
officiers et de nos hommes, lorsqu'ils sont livrés à eux-
mêmes et qu'ils ont tout à créer avec rien ! Il y a un terme
familier qui les peint : ils sont débrouillards !

Trois mille hommes jetés sur un terrain nu comme la
main, sans autre abri que leurs petites tentes contre un
soleil torride et des vents étouffants, ne semblaient pas
voués à un séjour couleur de rose. Ils n'ont pas été embarrassés : ils ont aussitôt bâti une ville. Ils n'avaient
d'autres outils que leur matériel de campement ; le bois
manquait absolument ; il ne fallait pas songer à construire des baraques ; à peine pouvait-on trouver quelques
légers branchages dans les deux oueds à proximité du
poste. Ils ont pétri du sable dans l'eau et fabriqué des bri-
ques qu'ils ont fait durcir au soleil, à la mode du pays.

En un clin d'œil, une multitude de gourbis, de formes
variées et pittoresques, se sont élevés. Chacun, dans ses
maçonneries, suivait sa fantaisie : celui-ci bâtissait un
chalet ; l'autre se dressait une tour ; on vit surgir de petits alcazars, des casemates, des huttes grossières. On a
fait de la chaux, beaucoup de murs ont été blanchis. Peu
à peu, avec de vieilles caisses à biscuits, on a fabriqué
des portes, des fenêtres, et des ferrures avec des cercles
de tonneaux. On a fait des vérandas avec des roseaux,
des contrevents avec des joncs et du drinn.

Les intérieurs sont bien aménagés en supports, bancs,
râteliers ; il y a même des ornements, des plumes d'oiseaux, des cornes de gazelles, des bêtes empaillées, des
inscriptions guerrières, des devises, des dessins facétieux.
Chaque corps de troupe, chaque bataillon a son emplacement, ses rues, ses petits monuments habités par les officiers. Ces installations, encore rudimentaires, compren-

dront bientôt deux ou trois pièces, une véranda et une petite cour.

L'épaisseur des murs laisse aux appartements une fraîcheur relative. Quand le soleil darde ses rayons sur cette cité bizarre, aplatie sur le sol brûlant, on croirait que ses infortunés habitants doivent cuire à l'étuvée dans leurs demeures closes, tandis qu'ils y sont presque au frais, grâce à d'habiles procédés d'aération.

Le camp est très sain, d'une remarquable propreté ; il y règne une grande animation. Les soldats vêtus de toile, le ventre entouré de leurs ceintures rouges ou bleues, déploient une activité incessante ; on les voit fourbir leurs armes, charrier l'eau, jouer, manœuvrer. A 10 heures du matin, on bat la retraite ; au bout d'un instant, le calme s'établit aussi profond que si la nuit était tombée ; la colonne se plonge dans les douceurs de la sieste jusqu'à 2 heures. A ce moment, le bruit des tambours et des clairons recommence ; la vie renaît.

De la partie la plus élevée du camp, où s'est installé le colonel, la vue s'étend au loin sur les plaines environnantes. On retrouve là les trois aspects différents sous lesquels le Sahara se présente : le Reg, le Hamada et l'Erg.

Au nord et à l'est du mamelon qui supporte le camp et dans l'angle formé par les deux rivières, c'est le Reg, terrain plat, sablonneux et quelquefois pavé de cailloux ; il est relativement riche en végétation, et c'est lui qui offre les meilleurs pâturages ; c'est le terrain déjà vu dans les grandes plaines d'Hassi-el-Mir, d'El-Morra et d'El-Moungar, et d'un parcours toujours facile.

A l'ouest du Guir, et barrant l'horizon, s'étend l'immense plateau du Hamada, pierreux, désolé, morne, sans eau et sans végétation. Enfin, au sud, sur la rive gauche de la Zousfana, l'Erg égrène son long chapelet de dunes aux tons toujours changeants sous la vive lumière.

Plaines caillouteuses du Reg, plateaux rocheux du Hamada, reliefs tourmentés de l'Erg, grands lits d'oueds desséchés, tous ces éléments principaux de l'étrange pays qu'on appelle « le Sahara » apparaissent à nos yeux du haut de cette colline où flotte le drapeau tricolore.

A 1.500 mètres au sud, au confluent de la Zousfana et du Guir, dont la réunion forme la Saoura, le Hamada et l'Erg se rejoignent, séparés seulement par l'étroit sillon de la nouvelle rivière, dont la direction est marquée par quelques groupes de tamaris.

Enfin, à quelques kilomètres plus loin, un coin de palmeraie, émergeant au-dessus des dunes, indique la position du ksar d'Igli. Dans les dépressions et sur les plateaux s'élèvent quelques hauts monticules en forme de troncs de cône et à sommets tubulaires (les *gour* ; au singulier, *gara*), gigantesques témoins des étages de terrains disparus dans on ne sait quelles formidables convulsions de la nature.

Et cependant, dans ces solitudes si vides, si tristes, si brûlées, la variété des paysages est infiniment plus grande que ne peuvent se le figurer les gens qui ne les ont point visitées. La lumière éclatante fond tous les détails de l'espace dans une tonalité exquise, et je me passionnais déjà pour les beautés de ce pays dont aucune plume, même des plus exercées, ne saurait faire une bonne description. Comme le disait Duveyrier, « il faut avoir vu pour comprendre, et, quand on a vu, renoncer à traduire ses impressions ».

Dès le lendemain de l'arrivée, chaque compagnie du bataillon commença à organiser les abris qui devaient remplacer la tente pendant notre séjour au camp. Comme ce séjour devait être relativement court, il ne fallait pas songer aux contructions en maçonnerie, trop longues à édifier, et l'on se contenta de gourbis en branchages, entourés de murailles en pierres sèches pour arrêter l'invasion des sables aux jours de grand vent.

Quelques corvées dans les oueds environnants nous procurèrent les matériaux indispensables, et, au bout de trois jours, l'emplacement affecté au bataillon était recouvert d'une multitude de constructions bizarres, de toutes les formes et de toutes les dimensions.

En même temps que ces travaux d'installation, nous activions également les préparatifs de défense. Le soulèvement du Tafilalet, qui avait amené l'autorité militaire à renforcer le poste d'Igli, était loin d'être calmé, et le service des renseignements avait signalé qu'une forte harka était rassemblée à moins de 30 kilomètres dans l'ouest. Il fallait donc se tenir prêt à repousser les attaques possibles de jour et de nuit.

Déjà, les troupes arrivées avant nous avaient entouré le mamelon d'une ceinture formidable de retranchements qui en faisaient une véritable forteresse ; mais mon bataillon, installé dans la plaine au sud des pentes, se trouvait quelque peu en l'air ; il fallut donc construire sur tout son front une immense tranchée en demi-cercle, dont les extrémités venaient s'appuyer aux escarpements du premier étage du camp.

Chaque soir, à 5 heures, avertis par une sonnerie de clairon, tous les éléments de la colonne occupaient les emplacements de combat qui leur avaient été désignés ; les pentes du mamelon se couronnaient de défenseurs dont les feux étagés fusillaient au loin un ennemi imaginaire ; puis, au bout de dix minutes, chaque unité regagnait ses abris, et toute cette foule abandonnait ses allures guerrières pour reprendre, jusqu'au lendemain à la même heure, son apparence calme de colonie pacifique et laborieuse.

D'ailleurs, l'action militaire de la colonne se borna presque jusqu'à la fin à ces simulacres de combat. Renseignée probablement sur la valeur défensive de notre position et sur le renforcement du poste, la harka s'évanouit un beau jour et l'on n'en entendit plus parler.

Situation politique de la colonne.

Dès l'installation de la colonne à Igli, le gouverneur général avait donné des instructions précises au sujet de l'attitude que nous devions avoir vis-à-vis des populations de la Zousfana. Il avait prescrit de ne pas réclamer aux Doui-Menia et aux Oulad-Djérir, tribus indépendantes, une soumission proprement dite et le paiement d'un impôt, mais de chercher plutôt à établir avec elles une entente pacifique.

A l'égard des Ksours de la Zousfana, on devait agir, soit en vue d'une alliance s'ils étaient situés sur le territoire réputé marocain (ouest de la Zousfana et de la Saoura), soit en vue d'une soumission s'ils étaient en dehors. Il était recommandé d'éviter les provocations et les conflits, afin de se conformer aux vues du gouvernement. Toutefois, en cas d'attaque, nous étions autorisés à exercer nos droits de défense, mais sans essayer de faire de conquête à l'ouest de la Zousfana.

En somme, nous devions rester dans une attitude nettement défensive, sans même pouvoir procéder à l'organisation politique du pays.

Quant à l'impression produite par notre arrivée et notre installation, il fut facile de constater, au bout de peu de temps, que notre présence était favorablement accueillie par tous les Ksouriens. Ceux-ci étaient, en effet, sous la domination tyrannique de tribus pillardes, comme les Doui-Menia, les Berabers, les Oulad-Djérir, qui les pressuraient sans cesse en les menaçant de mort, et notre intervention pacifique fut regardée bientôt par eux comme un gage de protection pour leurs biens et leurs personnes.

En revanche, notre venue ne pouvait que gêner ces pillards, puisque nous avions pris possession d'un pays qu'ils

considéraient comme appartenant, non pas au sultan du
Maroc, mais à eux-mêmes. Aussi cherchèrent-ils à maintes
reprises à se réunir pour nous chasser ; mais leur manque
d'entente et leurs rivalités firent échouer tous leurs projets,
et quelques groupes se bornèrent par la suite à tenter de
nous enlever des chameaux et à attaquer nos convois.

Population saharienne. — Races, religions, mœurs, etc.

La population des régions de la Zousfana et de la
Saoura n'est pas exactement connue. Le dénombrement des
habitants est assez difficile à faire, en raison du manque
de documents et aussi vu le nombre variable des nomades.
Les propriétaires du sol sont les Arabes conquérants qui
dominent encore le pays.

La population est fort mélangée ; elle comprend : des
gens de race blanche, des Cherfa, des Harratin et des
nègres. Les blancs descendent des anciens conquérants
du pays ; ils sont de race arabe et détiennent toute l'autorité. Les Cherfa (pluriel de Chérif) sont les nobles, religieux plutôt que guerriers, qui prétendent descendre du
Prophète par les mâles.

Les Harratin sont des sangs-mêlés, produits de blancs
avec des négresses ; ils sont gens de couleurs et forment
le fond de la population sédentaire du pays. Ils sont paisibles et calmes, et l'on peut facilement s'accommoder
avec eux.

Quant aux nègres, esclaves ou affranchis, ils serviront
qui le voudra.

Tous les habitants appartiennent à la religion musulmane, qu'ils soient blancs ou de couleur, libres ou esclaves. Les ordres religieux les plus suivis sont ceux de
Moulay Taïeb et de Sidi abd el Kader el Djilali. On
compte aussi quelques adeptes de Mohammed ben Ali
Snoussi.

En général, tous ces gens-là nous détestent et ne nous servent que par la force ou par intérêt.

Les Ksours de la Saoura, avant notre arrivée, étaient sous la domination du pacha de Timmimoun et reconnaissaient la suprématie du Maroc ; mais l'autorité du sultan était plus nominale qu'effective. Il n'avait pas assez de troupes pour assurer la rentrée des impôts et on ne lui payait de tributs que rarement, difficilement, et seulement lorsqu'on avait une faveur à lui demander.

Les familles puissantes du pays détenaient en réalité le pouvoir et exerçaient une administration sommaire.

Il a été constaté que les registres les mieux tenus étaient ceux des Caïds des eaux, ce qui démontre une fois de plus l'importance de l'eau dans ces régions brûlées par le soleil et ravagées par le simoun.

Ce qu'on a pu constater aussi dès l'arrivée, c'est que les sentiments de la classe dirigeante envers nous étaient loin d'être amicaux et bienveillants ; seuls, les miséreux, Harratin ou nègres, nous virent venir sans appréhension et même avec plaisir. Pour les premiers, nous sommes la « race maudite », ainsi que l'écrivait le pacha de Timmi à son collègue de Timmimoun, lorsqu'il le pressait de venir avec lui nous chasser du Tidikelt envahi. Pour les seconds, nous sommes la providence libératrice ; cela seul suffit pour justifier l'occupation.

Le Maroc donc — et cela ne fait aucun doute pour quiconque s'est occupé sérieusement des choses du Sahara — entretenait deux pachas dans ces régions lointaines : l'un à Timmimoun (Gourara), l'autre à Adrar, dans le district de Timmi (Touat). Ce dernier comptait le Tidikelt dans ses domaines.

Le pacha de Timmimoun s'était enfui à l'approche de nos colonnes ; quant à celui de Timmi, plus obéissant ou plus belliqueux, il s'était laissé prendre à In-Rhar. Après avoir prêché la guerre sainte un peu partout, principalement à Timokten, place forte du pays d'Aoulef, et à Akabli, il s'était porté avec ses partisans sur le district d'In-Rhar. Les casbahs avaient été restaurées ; des armes et des munitions y avaient été réunies ; des menaces proférées contre les Français assez téméraires pour s'aventurer dans ces contrées.

La prise d'assaut de la forteresse des Oulad-Hadega avait mis fin à cette effervescence, et, quelque temps après, le pacha Ed Driss Allal ben el Kourri était prisonnier à Laghouat (1).

Outre leur religion, les Arabes conquérants ont apporté dans ces régions leurs coutumes et leurs mœurs ; ils y ont, en partie seulement, importé leur costume.

L'habillement des riches est superbe ; malgré ses couleurs vives et trop criardes, il impose à la populace. La tenue des pauvres est plus simple : une gandoura (chemise) sale et crasseuse suffit. Les enfants sont nus, ou à peu près.

Les Harratin, ainsi que les nègres, sont laids et malpropres ; ils vivent misérablement et travaillent beaucoup ; ils ne songent à rien. C'est le résultat de la domination arabe ; à nous de les relever. Ils ne manquent pas d'intelligence et ils sont attentifs aux ordres et aux observations ; on peut en faire des hommes.

Les oasis sont bien tenues ; les jardins sont bien cultivés, les arbres sont plantés en lignes droites ; les irrigations peuvent servir de modèle en Europe même. On reconnaît à cela l'intelligence pratique des sangs-mêlés et des nègres qui, seuls, cultivent la terre. Pas un arpent de terrain irrigable n'est perdu, et l'on peut presque affirmer

---

(1) Je devais le trouver, six ans plus tard, pacha de la casbah de Saïdia, alors que j'étais détaché moi-même au poste du Kiss, sur la frontière algéro-marocaine. Les deux postes, séparés par la frontière, étaient distants l'un de l'autre de 600 mètres à peine et j'entretins avec lui, pendant une année, d'excellentes relations.

que tout ce qui est cultivable est cultivé. Je doute que l'on puisse faire beaucoup mieux.

Climat.

Le climat saharien, tempéré en hiver, est très chaud en été, et la différence de température entre le jour et la nuit est toujours considérable. Ainsi, des observations que j'ai pu faire trois ans plus tard, à Beni-Abbès, il résulte qu'au mois de janvier, tandis que le thermomètre marquait, dans le jour, de 25 à 30° à l'ombre, il descendait quelquefois, la nuit, à 1 ou 2° au-dessous de zéro.

La saison des fortes chaleurs commence avec le mois de mai. La journée la plus chaude de ce mois fut celle du 21, où la température s'éleva à + 41° à l'ombre, tandis qu'elle redescendait la nuit à + 26°.

Dans le courant du mois de juin elle continue à s'élever sensiblement ; le 24 de ce mois, notre thermomètre marquait à l'ombre + 49° et le minimum de la nuit fut + 28.

En juillet, la température atteignit son maximum ; nous eûmes pendant ce mois vingt-deux fois 50° et au-dessus, et la journée la plus chaude fut celle du 23, où là température s'éleva à 55° à l'ombre, tandis qu'elle redescendait la nuit à + 32°.

Dans le mois d'août, le thermomètre ne s'éleva que huit fois au-dessus de 50°.

En général, le Sahara est une des contrées les plus salubres du monde ; les maladies épidémiques et endémiques, la fièvre surtout, ne s'y montrent que dans la saison chaude et dans les lieux cultivés, où elles doivent être attribuées à quatre causes principales :

1° Stagnation des eaux dans les fossés qui entourent les centres de population, dans les bas-fonds des oasis et dans les sebkhas ;

2° Fermentation au printemps des troncs de palmiers employés au coffrage des puits.

3° Insuffisance de la nourriture chez les pauvres ;

4° Malpropreté révoltante.

Les émanations paludéennes, qui se font surtout sentir au printemps et en automne, n'ont guère d'action sur les nègres, chez lesquels on constate une vigueur toute particulière ; leurs effets, au contraire, se font vivement sentir chez les Arabes et généralement sur tous les étrangers de race blanche.

Chez ceux-ci, l'accès est quelquefois foudroyant. Dans les cas même sans gravité, la maladie s'annonce généralement par les symptômes suivants : le visage et les yeux deviennent jaunes, la face se boursoufle, le ventre se gonfle, un malaise indéfinissable, ayant son siège à l'estomac, s'empare du malade, que ses forces abandonnent complètement, en même temps que la vue des aliments provoque chez lui des mouvements de répulsion.

L'accès de fièvre est marqué par des frissons d'abord légers qui vont s'augmentant rapidement jusqu'à pousser le malade qui, la veille encore, cherchait l'ombre et la fraîcheur, à se placer devant un grand feu où le maintiennent deux de ses amis, dans la crainte que ses mouvements convulsifs ne le fassent tomber dans le brasier.

Mais, en vain, cherche-t-il à fondre la glace qui s'est infiltrée dans ses veines ! Le mal doit suivre son cours, et c'est au bout de quelques heures seulement qu'une sensation de chaleur intense succédant au tremblement, la sueur inonde le corps du fiévreux qui tombe dans une prostration absolue.

La durée de la crise varie entre six et douze heures. Chez quelques sujets, l'état de fièvre est, pour ainsi dire, permanent, mais aussi beaucoup moins violent. Ces derniers guérissent plus difficilement ; la fièvre est passée chez eux à l'état chronique et, quel que soit le pays vers lequel ils se dirigeront ensuite pour y chercher la santé, ils porteront en eux, de longues années encore, le poison paludéen qui s'est glissé dans leurs veines.

L'alimentation au camp.

Comme je l'ai dit plus haut, il avait été impossible de trouver de l'eau dans l'enceinte du camp, et le colonel Bertrand avait dû faire creuser six puits dans le lit de l'oued Guir, pour subvenir aux besoins de la colonne.

Malheureusement, comme cela arrive souvent dans ces régions, l'eau du Guir était horriblement magnésienne, et il faut avoir passé par là pour se rendre compte du dégoût insurmontable que l'on éprouve et des privations que l'on endure, lorsqu'il n'existe que de l'eau salée pour se désaltérer dans ce pays de la soif ! On aurait pu se procurer de l'eau fraîche dans les puits du ksar d'Igli ; mais il était matériellement impossible d'envoyer chaque jour des corvées, à 6 kilomètres du poste, et d'ailleurs les ressources limitées du village auraient été incapables d'approvisionner suffisamment les 3.000 hommes du camp.

Cependant, les recherches continuaient sans arrêt dans un certain rayon autour du poste, si bien que, trois semaines après l'arrivée de mon bataillon, on réussissait enfin à trouver de l'eau douce en creusant un puits dans une dépression du terrain, à 1.500 mètres au nord du camp. Mais le débit en était très faible, et, malgré tous les efforts de la compagnie du bataillon d'Afrique, chargée de ce travail, il fut impossible de l'augmenter. Le rendement était d'environ 150 litres par jour.

On décida aussitôt que cette précieuse provision serait réservée pour les besoins de l'ambulance, le surplus devant être réparti entre les popotes d'officiers.

Aussi, tous les matins, chaque chef de popote s'empressait-il d'établir son bon d'eau fraîche, qu'il envoyait par un homme de corvée, porteur d'un grand bidon, au magasin de l'intendance où la distribution avait lieu.

Les quantités distribuées variaient tous les jours suivant les besoins de l'ambulance, et nous attendions chaque fois avec angoisse le retour du précieux bidon. En général, nous recevions ainsi 2 à 3 litres d'eau, et il faut convenir que c'était assez maigre pour une popote de quatre personnes ; aussi les réservions-nous uniquement comme eau de boisson, les puits du Guir subvenant amplement aux besoins de la cuisine.

L'administration faisait également, chaque matin, des distributions de vin, à raison d'un demi-litre par officier et par jour ; mais, si l'on se rappelle le sort de nos tonnelets d'eau de Fendi, on ne s'étonnera pas outre mesure que ce vin, de goût agréable et de bonne qualité au départ, fût devenu d'excellent vinaigre à l'arrivée. Cependant, l'habitude est une si belle chose, qu'au bout de quelque temps nous le buvions avec autant de plaisir que s'il fût sorti frais et clair des meilleures caves de la Bourgogne.

Tous les deux jours, une ration était allouée également aux soldats européens de la colonne ; elle était remplacée, pour les indigènes, par une ration de sucre et de café.

Quant aux vivres (pain, viande, conserves, etc.), ils étaient fournis uniquement par l'administration, sur bons gratuits pour les hommes et sur bons remboursables pour les officiers.

Enfin, pour varier nos menus, nous avions la ressource du marché, si l'on peut appeler ainsi l'emplacement voisin de notre camp où quelques indigènes d'Igli, enfants et vieilles femmes, venaient nous vendre à des prix fabuleux les rares produits du ksar. Nous trouvions là des poulets étiques, quelques légumes, des fruits et des œufs, et, malgré la saleté repoussante de ces gens et de leurs marchandises, tout cela était enlevé rapidement à coup de douros (pièce de 5 francs), la seule monnaie qui se trouvât au trésor de la colonne, et la seule par conséquent dont nous disposions nous-mêmes.

Cependant, si l'alimentation pour les hommes et pour nous était assurée en quantité suffisante, sinon très variée, il n'en était pas de même pour nos malheureux chameaux, dont le jeûne et les privations s'aggravaient sans cesse.

Depuis l'arrivée de la colonne, l'immense troupeau avait peu à peu tondu et arraché jusque sous le sable le peu de végétation qui recouvrait les environs du poste. Chaque jour il fallait s'éloigner davantage et agrandir le cercle, et mon, bataillon était arrivé depuis huit jours à peine, qu'il était déjà nécessaire de faire une véritable étape pour assurer la garde du pâturage.

Tous les matins, une compagnie d'infanterie et un peloton de cavalerie étaient commandés pour ce service, et je me rappelle encore l'ennui et les inquiétudes de mon capitaine, le jour où cette corvée nous tomba sur les bras.

Nous étions partis à la pointe de l'aube, dans la direction du nord-ouest, en suivant la vallée du Guir, et c'est seulement à 10 kilomètres du camp que les chameliers commencèrent à disperser leurs animaux vers les touffes étiques qui parsemaient la plaine. En moins d'une heure, toute la région à perte de vue en fut couverte, et nous nous demandions avec anxiété quel dispositif il fallait prendre pour assurer la garde d'une telle étendue de terrain.

Au petit bonheur, les quatre sections furent échelonnées à grande distance pendant que les spahis cherchaient en vain les limites de l'immense pâturage, et la longue faction commença, sans abris, sous la chaleur écrasante.

Heureusement la fameuse harka s'était dispersée depuis quelques jours, et la journée se passa sans incidents.

Vers le soir, les chameaux commencèrent à se replier sur le camp, en descendant le lit desséché de la rivière, où, çà et là, quelques redirs (mares) d'eau salée servaient d'abreuvoir aux animaux de la colonne.

Certains groupes avaient marché toute la journée, parcourant ainsi plus de 40 kilomètres, sans parvenir à trouver la quantité de nourriture nécessaire. Aussi la mortalité commençait-elle à devenir effrayante dans notre pauvre troupeau décimé par la fatigue et les privations ! Chaque jour une vingtaine de cadavres jalonnaient la route du retour ; il devenait donc urgent de chercher une solution à cette situation lamentable, et l'état-major se décida un beau jour à se séparer de ses 4.000 chameaux pour les envoyer séjourner à 25 kilomètres du camp, vers le ksar de Mazzert, dont les environs renfermaient des pâturages susceptibles de nourrir le troupeau un certain temps.

La 1re compagnie de mon bataillon et un peloton de spahis furent chargés de leur protection.

La chaleur. — Le siroco.

Un compagnon qu'il me serait difficile de passer sous silence, dans cette relation d'un long séjour en régions sahariennes, c'est le soleil, personnage muet, mais qui ne se laisse pas oublier. Quoi qu'on fasse, quoi qu'on dise ou qu'on pense, on ne peut être quelques minutes sans se murmurer à soi-même avec l'accent d'une conviction ardente : « Dieu, qu'il fait chaud ! » Toutes les sensations s'effacent devant celle-là. La chaleur vous enveloppe, vous domine, vous absorbe, comme la douleur absorbe et domine un malade. Si on pouvait l'oublier un seul instant, les premiers effluves, la première exsudation le rappelleraient sûrement, en dépit des plus graves préoccupations. On cause, on mange, on vit, on marche, mais avant tout on a chaud.

Dès le matin, le bleu du ciel se couvre d'un réseau d'une blancheur opaque et laiteuse. Tout le jour, on est serré dans ce ciel d'argent en fusion, fait de rayons concentrés comme dans un vaste globe en verre dépoli. On est moite, haletant, ébloui, en proie à une soif aiguë, douloureuse, inextinguible. L'eau que l'on boit vous sort à même par tous les pores ; on ressemble aux ivrognes, d'autant plus altérés qu'ils ingurgitent davantage. La fraîcheur momentanée de l'eau qu'on avale rend plus cruelle encore la soif qui renaît aussitôt comme une souffrance sans remède. On sent en soi battre ses artères et la vie fonctionner avec une activité dévorante, comme une machine trop chauffée.

Epuisé, vaincu, sous le poids d'une invincible lassitude, d'une somnolence d'agonie, on s'affaisse sans pouvoir s'endormir ni se tenir éveillé, et cette horrible prostration, loin d'être un soulagement, devient un surcroît de supplice.

A peine est-on étendu, à peine a-t-on clos un œil, qu'on sent tout son corps se résoudre en eau. C'est à peu près l'état spasmodique du poisson sur la paille indéfiniment prolongé. On a, comme dans le mal de mer, des découragements profonds qui rendent insensible à tout, aux plaisirs, aux plus grands dangers, à l'instinct même de la prudence ; car on boit d'une façon insensée, oubliant toute hygiène et le précepte arabe : « Si tu bois à la bouche de la guerba, tu bois à la bouche de la vipère. »

Ce martyre incessant est encore augmenté quand souffle le siroco, mais il entre alors dans une autre phase que j'appellerai la période de dessiccation.

C'est généralement un vent débonnaire, ce siroco, et qui ne fait aucun tapage ; si ce n'était son haleine embrasée, on le sentirait à peine. Tout au plus fait-il frissonner les minces branchages de nos gourbis. Il arrive par petites bouffées intermittentes, sans violence, mais chargées de toutes les incandescences du désert qu'elles ont balayé. C'est quelque chose comme la respiration d'une fournaise.

Je ne crois pas que les éléments aient à leur service un météore plus intolérable, un engin plus infernal à opposer à notre pauvre espèce. On sent littéralement, sous ce souffle aussi paisible que la brise la plus innocente, ses poumons se corroder ; une contraction affreuse vous serre à la gorge. A chaque effluve la peau devient plus sèche et plus cuisante, les muqueuses se raccornissent et se fendent. Une poussière fine et brûlante comme des gerbes d'étincelles fouette votre face endolorie et vous brûle les yeux à travers les paupières.

Parfois le siroco change de forme : le vent augmente, déferle, change de direction par des sautes brusques, forme de petits tourbillons qui balaient la terre et se déplacent très vite, animés d'un double mouvement de rotation sur eux-mêmes et de translation en zigzag.

Bientôt l'ouragan commence ; le sable, brusquement soulevé, obscurcit le ciel. Dans le camp, les petites tentes des soldats et les gourbis résistent, mais les grandes tentes oscillent comme si des vagues les frappaient ; quelques-unes, plus exposées ou moins solidement arrimées, s'abattent au grand ennui de leur propriétaire.

Malheur au sous-officier comptable qui n'a pas enfermé ses archives avec soin ! Tous ses papiers s'envolent, s'élèvent, tourbillonnent comme des feuilles mortes emportées par la brise d'automne.

Lorsque le calme renaît, il faut tout remettre en bon ordre, tout brosser, tout épousseter pour faire disparaître le sable, tout nettoyer minutieusement pour enlever certaines molécules poussiéreuses, si ténues qu'elles pénétrent dans les caisses les mieux fermées et jusque dans les boîtiers des montres.

Encore doit-on se féliciter quand la tempête ne vient

point, aux heures des repas, éteindre les feux des cuisines en plein air et ensabler la soupe et le fricot !

Cela dure jusqu'au soir ; alors la température demeure encore fort élevée, mais l'absence du fléau fait paraître cet instant délicieux.

On devine si de telles journées semblent longues, et l'état de fatigue dans lequel on se trouve le soir ! Nous nous réunissions généralement, pendant ces heures sans fin, sous un gourbi de popote dans lequel chacun de nous s'installait comme il pouvait, assis ou couché, sous l'averse de sable fin et de poussière filtrant à travers les interstices des branches; et nous restions là, inertes, silencieux, incapables d'écouter et de répondre, même si quelques-uns d'entre nous, plus courageux, tentaient, par quelque lazzi, quelque souvenir gai, de secouer notre torpeur.

Un jour, un orage survint après une tempête de siroco. Tout à coup de gros nuages se formèrent, le temps se rafraîchit et la pluie commença de tomber : « La pluie ! la pluie ! » criions-nous tous, officiers et soldats. Loin de chercher un abri, chacun s'efforçait au contraire de ne pas perdre une goutte de la bienfaisante ondée.

L'averse dura dix minutes à peine ; mais cela avait suffi pour dissiper les idées noires et faire renaître la gaîté dans le camp.

Les mouches.

Nous avions fini cependant par nous endurcir contre la chaleur. Après avoir changé de peau maintes fois, nous étions passés au brun le plus accentué, et, sous cet épiderme de circonstance, chacun se sentait aussi aguerri qu'un vieux nomade.

Nous buvions sans y regarder l'eau du Guir, peuplée d'un monde d'animalcules vibrant et serpentant. Nous chassions les scorpions cachés sous nos gourbis sans plus

d'émotion que s'il se fût agi des insectes les plus inno-
cents. La loi de l'habitude avait produit son effet.

Toutes les incommodités de cette vie au grand air glis-
saient sur nous et parvenaient à peine à ébranler notre
sensibilté émoussée. C'est tout au plus si le siroco nous
arrachait quelques soupirs étouffés.

A quoi ne se fait-on pas ! Il était cependant un fléau
devant lequel les plus forts s'avouaient vaincus. Loin de
s'y accoutumer, chaque jour on en ressentait les tortures
avec plus d'irritation, et, tandis qu'on s'irritait, il acqué-
rait une recrudescence nouvelle.

L'exsudation, la soif, l'insolation n'étaient à côté que
des bagatelles : je veux parler des mouches.

Quelle mission vengeresse remplit cet insecte sur la
terre ? Quels forfaits expions-nous sous sa trompe exé-
crable ? A-t-il un rôle chimique dans la création, ou la
charge abominable de nous enseigner la patience et la résignation en nous persécutant à outrance ? La nature garde
son secret.

Bien des gens redoutent les pays chauds à cause des
monstres féroces et venimeux qu'on y trouve. Et bien !
le vrai monstre, le voilà : c'est cet atome bourdonnant,
tenace, stupide, exaspérant, odieux, inexpugnable, que
rien ne peut écarter ni fléchir. Il est partout. Vous arri-
vez quelque part, un petit murmure vous avertit que votre
présence est signalée ; en quelques minutes une vingtaine
de mouches vous harcèlent ; vous fuyez, elles vous retrouvent, et leur nombre sans cesse s'accroît. Elles étaient
vingt, elles sont mille ! Vous vous retranchez dans le lieu
le plus solitaire ; n'ayez crainte qu'elles vous perdent. Il
en sort on ne sait d'où : la terre entière doit en être couverte. Il suffit de la présence de l'homme et d'un rayon
de soleil pour en faire éclore des nuées toujours gros-
sissantes.

Nul endroit écarté où elles ne vous atteignent, nul refuge

si bien clos qu'elles ne vous y relancent ! Et plus il y en a, plus il en vient.

Leur effronterie n'a pas de bornes ; elles ont conscience de leur supériorité. Celles qui périssent savent qu'elles seront vengées.

Littéralement, elles se nourrissent de vos sueurs, vous disputent les aliments et poussent la férocité jusqu'à s'y donner la mort pour vous en dégoûter.

Vous engagez avec elles des luttes folles, vous livrant à des massacres, des hécatombes sans fin. Peine perdue ! De nouveaux contingents entrent dans la lice plus ardents, plus infatigables.

Le sommeil vous accable... « Tu ne dormiras pas ! » vous chante un petit bruit d'ailes vibrant et moqueur. Vous essayez de lire... « Tu ne liras pas ! »

On peut penser si cette engeance maudite doit apprendre rapidement l'installation d'un camp. Il doit en venir de très loin, flairant cette pâture abondante, cette inépuisable curée de bêtes et de gens. L'intérieur des tentes et des gourbis est tapissé de leurs essaims, tous les objets sont contaminés de leurs souillures. Les chevaux en sont fous ; les hommes leur cèdent la place, mais des cohortes entières se détachent à la poursuite des fuyards. On ne peut quitter une place qu'en courant et se secouant comme un insensé, sous peine d'en emporter des phalanges collées sur les épaules.

Une telle plaie ternirait la plus belle existence. Les gens du meilleur naturel tournent à l'aigreur, à la mélancolie, à l'hydrophobie ; on n'entend qu'imprécations et blasphèmes.

Aux premières lueurs du jour, le seul instant de la journée où règne une fraîcheur relative, au moment où l'on se reposerait enfin si voluptueusement des étouffements et des insomnies d'une nuit tiède, le satané bourdonnement commence : « Tu ne dormiras pas ! » Nous n'y tenons plus ; nous n'aspirons qu'à fuir ce séjour envahi où nous ne sommes plus chez nous, ni le jour ni la nuit. Car, la nuit, c'est le tour des moustiques aux fanfares stridentes, aux suçoirs sanguinaires. Il faut s'enfermer hermétiquement, se priver d'air, de lumière, quand il ferait si bon respirer les quelques brises nocturnes qui nous arrivent après l'accablante chaleur du jour... « Tu ne respireras pas ! » chante le moustique. En dépit de vos précautions, il vous larde traitreusement, dans l'ombre, de ses dards empoisonnés !

Le courrier.

Cette vie au camp, si tourmentée et si fatigante, avec ses mille supplices de chaque jour, était heureusement coupée çà et là de quelques heures de distraction.

Une de nos grandes joies, c'était, chaque semaine, l'arrivée du courrier.

Ceux qui n'ont jamais quitté la France ou l'Algérie ne peuvent se rendre compte de l'anxiété et de la fièvre avec lesquelles on attend le précieux messager, lorsqu'on se trouve au loin, en pays perdu, à des centaines de kilomètres du chemin de fer et du télégraphe, et rattaché seulement au monde civilisé par trois ou quatre cavaliers indigènes qui mettent huit jours pour transporter votre correspondance à la gare la plus proche !

Et pourtant, quels merveilleux auxiliaires nous avions là ! Exposant chaque jour leur vie dans cette traversée périlleuse d'une région sillonnée par les pillards marocains, marchant la nuit, campant le jour dans des ravins pour éviter les surprises et parcourant malgré cela une moyenne de 50 kilomètres par vingt-quatre heures.

Souvent, malgré leurs précautions, ils n'arrivaient pas à éviter les embuscades et les attaques de vive force, et bien des fois nous attendîmes en vain la distribution des lettres ; les courriers avaient été arrêtés en route et tués, dépouillés, et les sacs de correspondance brûlés ou dispersés à tous les vents.

Le mercredi était jour de départ et le vendredi jour d'arrivée. Ce jour-là, c'était fête au camp. Dès le matin tout le monde attendait, et l'impatience allait grandissant jusqu'au moment où une sonnerie, partie de l'étage supérieur, et répétée immédiatement dans toutes les parties du camp, jetait partout le mouvement et l'allégresse.

Chaque fois, outre les lettres, des piles entières de journaux et de revues nous arrivaient, de quoi occuper nos loisirs pendant une partie de la semaine. Nous dévorions tout cela, réunis en groupes à l'ombre d'un gourbi, très amusés surtout par certains articles de journaux concernant les opérations du Sud oranais.

Dieu sait où les directeurs de nos grands quotidiens puisaient leurs informations. Et j'admire encore la puissance d'imagination déployée chez certains de leurs correspondants. Nous apprenions là des aventures et des faits d'armes à notre actif tout à fait extraordinaires : rencontres sanglantes, harkas dispersées, ksours détruits, etc... le tout complété par les gravures de certains journaux illustrés représentant, par exemple, la prise d'assaut fantastique d'un Igli plus fantastique encore.

A chaque courrier, c'étaient ainsi des nouvelles sensationnelles qui égayaient nos petites réunions. Pendant des heures, les conversations roulaient sur ces comptes rendus fantaisistes ; puis chacun de nous racontait aux autres ses petites affaires personnelles, les nouvelles intéressantes venues au courrier, et c'est ainsi qu'un beau jour Yézid nous dit en ouvrant une lettre : « Tiens, mon petit fille il est malade ! » Très surpris, nous le regardâmes, presque aussi étonnés que le jour où l'on apprit par les journaux l'enlèvement d'Igli à la baïonnette, car il nous avait toujours affirmé jusque-là qu'il n'avait pas d'enfants.

Mais lui, avec le bon calme qui ne le quittait jamais, nous donnait immédiatement l'explication attendue. Il n'avait pas de fils, donc il n'avait pas d'enfants, les filles ne comptant pas dans la famille arabe.

D'ailleurs l'annonce de la maladie de sa fille ne semblait pas le troubler beaucoup, et il restait aussi indifférent, en apparence du moins, que s'il se fût agi d'une personne étrangère ou d'un animal domestique quelconque.

Le Méhari.

C'est à Igli que je vis pour la première fois un méhari monté, équipé et en plein exercice de ses fonctions extraordinaires. Il venait de Timmimoun et avait fait, en moins de deux jours, ce trajet de plus de 200 kilomètres.

C'était un dromadaire identiquement pareil aux autres, mais de robe lavée et mieux musclé, quoique maigre. Pour toute bride, il avait une corde attachée au cou et une autre serrant la mâchoire inférieure. Son harnachement consistait en un petit strapontin carré (rahalla) fixé au sommet de la bosse et accompagné, en avant et en arrière, de deux tringles verticales, à l'une desquelles le méhariste peut à la rigueur se cramponner d'une main.

D'un côté de la selle pendait un sac un peu plus grand qu'une blague à tabac : c'était le garde-manger de l'homme ; de l'autre côté se balançait une gourde.

L'Arabe, porteur d'une lettre pour le colonel, arrêta à grand'peine sa monture et la fit s'agenouiller pour descendre.

Au lieu de l'envoyer brouter sa provende, il lui lia un genou, car il devait repartir pour Timmimoun, et le méhari ne doit jamais manger que le soir, au terme de sa course.

L'Arabe but seulement un peu de café.

Nous le prîmes de remonter un instant en selle et d'exécuter une course devant nous. Il y consentit, tout en répétant d'un air contrarié que son chameau était « maboul », c'est-à-dire ombrageux et mal dressé. En effet, le méhari, après maints gémissements, mille horribles grimaces et force ruades, finit par s'élancer dans la direction juste opposée à celle où son maître voulait le diriger. Il entamait cet amble prodigieux où l'on voit si bien se poser alternativement chaque bipède latéral, comme si les deux jambes du même côté obéissaient à un seul ressort.

Je trouvai d'abord cette vitesse bien au-dessous de sa réputation et ce sport inférieur à la moindre course de chevaux. Le méhari n'avait rien d'un animal rapide ni même pressé ; il projetait ses membres avec une nonchalence qui déroutait l'observation et faisait croire qu'on l'aurait suivi en courant quelque peu.

Mais, quand je vis la distance qu'il avait parcourue en quelques minutes, je demeurai confondu. Je ne distinguais plus le jeu de cette locomotion bizarre ; il me semblait voir le méhari voler !

Une demi-douzaine de spahis avaient sauté à cheval et s'étaient élancés à sa poursuite ; nous assistâmes alors au plus beau steeple qu'on puisse voir. Le résultat ne paraissait rien moins que certain, et nous pûmes craindre que le pauvre chamelier nous échappât malgré lui.

Les spahis parvinrent cependant à le dépasser et contraignirent le stupide dromadaire à revenir sur ses pas en l'obligeant à décrire un grand cercle à son insu.

Pour des hommes comme les Sahariens, qui ne craignent pas les points de côté, le méhari peut tenir lieu de train express sans désavantage. Il est certain que l'on peut voyager plus commodément ; mais plus vite, je ne crois pas.

Le méhari est encore fort peu connu. Ce n'est point, comme on l'a écrit tant de fois, un animal d'une race particulière ; il est simplement choisi parmi les animaux de son espèce qui, lorsqu'ils ne sont pas triés pour la selle, sont employés comme animaux de bât.

Les méharas sont en général pris dans les troupeaux de chameaux de forte race qu'élèvent nos tribus sahariennes.

Les chameaux de nos tribus nomades du Sud algérien ne peuvent pas être utilisés comme animaux de selle parce qu'ils sont trop petits, trop faibles et surtout parce qu'ils ne présentent pas assez de résistance à la fatigue et aux privations.

La façon de choisir, d'élever et de dresser le méhari varie assez sensiblement suivant les régions et même les tribus ; mais, d'une façon générale, le chameau destiné à être employé comme animal de selle n'est l'objet d'aucun procédé spécial d'élevage.

Il grandit comme tous les autres jeunes animaux du troupeau auquel il appartient ; mais il est souvent, dès son bas âge, marqué pour la selle à cause de sa conformation avantageuse, sa haute taille, son ventre peu développé, la finesse de ses jambes et de sa tête. Quand un jeune chamelon a été choisi pour la selle, et qu'il a atteint l'âge de 4 ans environ, on procède à son dressage de la façon suivante :

On entoure la tête du jeune animal avec un licol très solide et très ajusté, puis on l'attache au pied d'un palmier. Habitué à jouir jusqu'alors d'une très grande liberté, le jeune chameau ne comprend rien à cette captivité soudaine. Il tire sur la longe, tourne rageusement autour de l'arbre et se débat avec la plus grande énergie. Au bout d'un temps plus ou moins long, quelquefois une journée entière, il finit par se fatiguer, sa fureur tombe, il cesse de se débattre et se couche au pied de l'arbre. Le maître vient alors, détache la corde du licol et conduit à l'abreuvoir l'animal, qui, le plus souvent, suit sans faire aucune difficulté.

Le lendemain, le chamelon est conduit par la longe sur le terrain du pâturage. Arrivé là, le berger enlève la longe, mais laisse le licol autour de la tête ; puis l'animal, après avoir été entravé des deux jambes de devant, est lâché dans le troupeau.

Le soir, on le ramène à la longe, et on le fait coucher près de la tente afin qu'il s'habitue à l'approche de l'homme. Cette partie du dressage dure environ un mois.

On exerce ensuite l'animal à recevoir le bât du chameau porteur ; puis, après trois ou quatre jours, l'homme s'installe sur ce bât, s'y accroche et oblige le chameau à le porter.

Aussitôt que l'animal sent quelqu'un sur son dos, il rue, se cabre, fait des écarts et se défend vigoureusement ; mais l'homme se cramponne au bât et laisse faire.

En général, après trois ou quatre leçons de ce genre, le chameau prend l'habitude de porter son maître et, à partir de ce moment, sa docilité s'accentue rapidement.

On place alors à cheval sur le nez du chameau un grand éperon de fer sans molette. Les deux branches de cet éperon sont terminées par des boucles dans lesquelles passe la rêne, qui forme sous la tête de l'animal une sorte de nœud coulant, à l'aide duquel on le maîtrise lorsqu'il manifeste une tendance à s'emballer, ou lorsqu'il refuse de s'arrêter.

Quand il est dressé à céder à la traction opérée par le cavalier, on remplace le bât par la selle spéciale (rahalla) qu'on installe sur le garot en avant de la bosse, et le méhariste se met en selle.

Lorsque le dressage est terminé, on perce la narine droite du méhari et l'on passe dans le trou un anneau en cuivre qui ne le quittera plus et qui indiquera que l'animal est dressé à la selle. Il remplace l'éperon de nez, lequel n'est plus conservé qu'aux animaux très nerveux ou de caractère trop ombrageux.

Le méhari solide et bien dressé peut faire 200 kilomètres et plus en vingt-quatre heures.

Attaque de Mazzert.

Arrivé à ce point de mon récit, il me paraît indispensable de jeter un coup d'œil d'ensemble sur la région sudoranaise, pour permettre aux lecteurs de se rendre compte des dispositions prises à cette époque par le commandement et des causes qui amenèrent bientôt une nouvelle répartition des troupes.

« A la suite des renseignements qui avaient déterminé le renforcement de la colonne d'Igli, d'autres indications avaient été transmises à l'autorité militaire sur les menées marocaines : des émissaires avaient été envoyés, paraît-il, à toutes les tribus pour les engager à marcher contre nous, et on parlait de la réunion d'une armée de 80.000 hommes qui devait se diriger sur la Saoura (1).

» D'après nos agents, ce chiffre semblait être exagéré, mais ils affirmaient que nous aurions à compter avec tous les indigènes valides du Tafilalet et avec de nombreux cavaliers bérabers et doui-ménia.

» Non seulement Igli, mais nos postes au nord, Djenan-ed-Dar et Duveyrier, se trouvaient menacés. On pouvait croire que nous allions être attaqués par des forces régulières marocaines. Aussi, en prévision de cette éventualité, prépara-t-on la formation d'une nouvelle colonne, dite « colonne de secours », comprenant deux bataillons d'infanterie, un escadron de cavalerie et une section de montagne.

» Ces mesures ne parurent même pas suffisantes, et, pour être préparé à toute complication, on mit à l'étude, à

---

(1) C'était la fameuse harka qui stationna un certain temps dans les parages d'Igli.

l'état-major du corps d'armée, le plan de transport de dix bataillons, deux escadrons, deux sections de montagne, une demi-compagnie du génie, une ambulance, prélevés sur les divisions d'Alger et de Constantine.

» D'autre part, pour renforcer la garnison d'Aïn-Sefra, qui se trouvait fort diminuée, on y envoya par voie ferrée un bataillon de tirailleurs de Mostaganem.

» Enfin, on leva un goum de 100 cavaliers, destiné à surveiller la région comprise entre Aïn-Sefra et Djenien, où les Doui-Ménia venaient de razzier tous les chameaux d'une de nos tribus.

» Le 19 mai, l'ordre fut donné de concentrer à Duveyrier, par voie ferrée, la colonne de secours. Elle comprenait : un bataillon du 2ᵉ tirailleurs (4ᵉ), un bataillon du 1ᵉʳ étranger, un escadron du 2ᵉ chasseurs d'Afrique, une section d'artillerie, sous les ordres du lieutenant-colonel Gibon, du 2ᵉ tirailleurs.

» On renforça également les garnisons de Djenien-Hadjerat, Duveyrier, Djenan-ed-Dar ; des instructions pressantes furent adressées pour l'achèvement des fortifications de ce dernier poste et la mise en état de tous les chemins avoisinant la frontière, depuis Sfissifa jusqu'à Duveyrier.

» Enfin les instructions suivantes furent adressées aux commandants des colonnes :

» En cas d'attaque de l'ennemi, lui faire le plus de mal possible, le poursuivre jusqu'où on pourra, les territoires au-dessus de Téniet-el-Sassi n'étant pas délimités, et donner à notre action le caractère d'une riposte énergique sans paraître vouloir occuper un territoire dont la possession prêtait à discussion.

» A partir de ce moment, le commandement reçoit une série de renseignements peu précis sur la marche des contingents marocains ; tout d'abord, on annonce que deux colonnes de Berabers se dirigent, l'une sur Figuig, l'autre sur Igli ; puis ces deux colonnes se réduisent à une seule, considérable, qui doit marcher en premier lieu sur Djenan-ed-Dar et Duveyrier, en second lieu sur Igli.

» Un troisième émissaire nous prévient que trois colonnes, comprenant des canons et quelques Européens, sont arrivées sur l'oued Guir et doivent se rendre, l'une au Gourara, les deux autres dans la région de la Saoura et de Figuig. Enfin, d'après le dire d'un quatrième, une colonne marocaine se serait mise en marche le 31 mai pour attaquer Igli, pendant que 1.400 fantassins marocains viendraient occuper Taghit pour couper les communications.

» Un semblable événement pouvait compromettre considérablement notre situation. Aussi le commandant de la colonne de Duveyrier reçut-il l'ordre de faire surveiller attentivement tout mouvement ennemi sur Taghit, et, au cas où il se produirait, de se porter avec sa colonne sur ce point pour bousculer les Marocains et les rejeter sur leur territoire, sans leur laisser le temps de s'installer et de se fortifier.

» Cependant, le 4 juin, une nouvelle plus rassurante venue de Tanger, et à laquelle on pouvait accorder plus de crédit, en raison de sa source, fut communiquée par le gouvernement général. Le Maghzen (1) avait fait partir, le 18 mai, pour le Tafilalet, des délégués chargés de porter aux tribus l'ordre, au nom du sultan, de ne pas attaquer nos troupes ; il avait soumis la question du Touat à l'appréciation des puissances européennes, et, en attendant leur avis, avait prescrit à chacun de rester dans sa tribu tout en étant attentif.

» Toutefois, comme tous ces renseignements sur les agissements marocains ne semblaient pas suffisamment précis, le général commandant le corps d'armée, estimant que nous ne pouvions rester ainsi dans l'incertitude, pro-

____

(1) Gouvernement marocain.

posa au Ministre de faire exécuter, par des officiers des affaires indigènes accompagnés d'interprètes, des reconnaissances composées exclusivement de goumiers, et dont le but serait non de combattre, mais de voir, de s'éclairer et de se renseigner.

» Elles devaient pousser jusqu'à trois journées de marche de nos postes, sans cependant dépasser l'oued Guir à l'ouest et Aïn-Chaïr au nord. Leur force serait de 50 à 100 chevaux ; leur nombre de deux au maximum, l'une se dirigeant sur l'oued Guir, l'autre sur Aïn-Chaïr. Enfin, leur envoi serait laissé à l'initiative du général de division, du général commandant la subdivision d'Aïn-Sefra et du commandant de la colonne d'Igli.

» Le Ministre consentit à cette demande, sous la réserve qu'on éviterait toute mesure ayant un caractère agressif ; pour préciser encore plus le rôle de ces reconnaissances, le président du conseil, avisé du projet du général par le gouverneur, spécifia que, sous aucun prétexte, elles ne devaient dégénérer en engagements, mais, au contraire, se replier devant les rassemblements ennemis.

» En réalité, une seule opération de cette nature fut exécutée et elle n'eut, d'ailleurs, aucune importance. Quant aux rassemblements redoutés, ils se bornèrent à la réunion de 4 à 5.000 hommes, toutes les tentatives faites pour arriver à grouper un nombre plus considérable d'individus ayant échoué, par suite de la misère régnante et du dissentiment traditionnel entre les tribus.

» Dès l'arrivée dans ces régions des envoyés du sultan, tout mouvement menaçant cessa et les nouvelles s'améliorèrent. On pouvait donc songer maintenant à désencombrer Igli en faisant remonter vers le nord hommes et bêtes inutiles ; mais il fallait, pour assurer la sécurité de nos communications, créer un poste entre Djenan-ed-Dar et Igli ; on décida, conformément à l'opinion émise par le colonel Bertrand, que ce point serait Taghit, au milieu du défilé très resserré des Beni-Goumi, passage d'une très grande importance.

» Les mesures suivantes, proposées par le général commandant la division, furent adoptées :

» 1° La colonne Dutartre devait rentrer immédiatement avec le demi-escadron de chasseurs d'Afrique, les malades, les malingres et les libérables de la colonne d'Igli, et ramener avec elle les chameaux jugés inutiles.

» 2° Elle devait être suivie par la moitié du bataillon Excelmans (qui faisait partie de la colonne d'Igli).

» 3° A l'arrivée à Djenan-ed-Dar de la colonne Dutartre, on ferait partir un nouveau convoi de ravitaillement sous l'escorte du bataillon de tirailleurs de Duveyrier.

» 4° On laisserait à Igli, comme garnison du poste : trois compagnies de légion, une compagnie de tirailleurs, une section d'artillerie, un peloton de spahis, 50 goumiers, un détachement du génie, un détachement du service de santé, un détachement des subsistances, 800 chameaux, sous les ordres du colonel Bertrand.

» 5° On enverrait d'Igli à Taghit le commandant Brundsaux avec une compagnie de légion, une compagnie de tirailleurs, un peloton de spahis, 25 goumiers, un détachement du génie, et on y élèverait une redoute (1). »

C'est le 10 juin que ces nouvelles nous parvinrent à Igli, et il faut reconnaître qu'elles furent accueillies par tous avec enthousiasme. Depuis notre arrivée, le calme le plus complet n'avait cessé de régner. A part les quelques jours d'émotion et d'attente qui avaient suivi l'annonce de la harka, nos journées s'étaient écoulées monotones et vides, sans que l'espoir d'une action militaire quelconque fût venu rompre l'ennui qui nous gagnait et compenser les

---

(1) Capitaine Tillion, *La Conquête des oasis sahariennes.*

souffrances quotidiennes dues au climat et à la mauvaise installation.

Par contre, nous savions que les postes du nord, Djenan-ed-Djar, Duveyrier et Hadjerat, étaient fréquemment le théâtre d'attaques de nuit et d'embuscades.

La proximité de Figuig, en leur assurant un refuge inviolable, attirait dans cette région une véritable armée de maraudeurs et de pillards, et les courriers étaient bien rares qui ne nous apprenaient pas quelque nouvel exploit de ces bandes marocaines.

C'en était assez pour nous aiguillonner et nous donner l'envie de prendre part aux opérations dirigées contre elles.

Enfin, l'état sanitaire, depuis quelque temps, laissait beaucoup à désirer : abattus et anémiés par les privations de toutes sortes et la chaleur implacable, nous commencions à voir nos forces décliner en même temps que la bonne humeur disparaissait du camp.

Dans mon bataillon surtout, mal installé au pied des pentes, au milieu des sables empoisonnés par les déjections des milliers de chameaux qui avaient campé là avant nous, et que la moindre brise soulevait en épais tourbillons, la fatigue et les maladies sévissaient chaque jour davantage. Les indigènes, habitués aux privations et supportant mieux la rigueur du climat, résistaient merveilleusement, mais constamment le nombre des fiévreux augmentait parmi les Européens, parmi nos petits soldats de France aux visages d'adolescents. L'anémie, la typhoïde et la dysenterie étendaient peu à peu leurs ravages dans le camp, et déjà plusieurs tombes dressaient leurs modestes croix de bois blanc dans le cimetière nouvellement installé sur la face nord du poste.

Les officiers eux-mêmes commençaient à payer leur tribut. Dans un coin du cimetière, à l'abri de quelques verdures constamment renouvelées, un officier interprète dormait son dernier sommeil, et deux officiers du bataillon, les lieutenants V... et G...., atteints de la typhoïde, s'en allaient lentement, haletant. dans leurs gourbis, sous les assauts combinés de la fièvre et de la température torride.

Aussi accueillirent-ils avec une joie délirante la nouvelle du prochain départ. Au sombre désespoir qui les minait, succéda aussitôt un renouveau d'espérance et de vie, et, tandis que nous nous épouvantions pour eux des fatigues de ce long voyage, ils se sentaient déjà ragaillardis et tout heureux à la pensée de quitter bientôt ce séjour maudit.

Cependant nous devions avoir encore, avant de partir, une grosse émotion.

Le matin du 13 juin, j'étais occupé à réunir un détachement pour aller chercher du bois dans l'oued Guir, lorsqu'une nouvelle transmise de bouche en bouche arriva jusqu'à moi, jetant dans tout le camp une agitation extraordinaire : notre troupeau de chameaux et sa garde venaient d'être attaqués à Mazzert.

Le spahi qui était arrivé à toute vitesse, sur son cheval blanc d'écume, pour prévenir le colonel, n'avait pu que jeter ces quelques mots en traversant le camp, et le manque de détails ajoutait encore au trouble et à l'anxiété causés par cet événement.

Mais déjà les goumiers partaient à la charge dans la direction d'Igli, et bientôt ce fut toute la cavalerie, chasseurs d'Afrique et spahis, suivie presque aussitôt du colonel en personne, avec une partie de son état-major ; enfin. quelques minutes plus tard, deux compagnies de légion s'ébranlaient à leur tour.

Ce n'était plus le moment de songer aux corvées de bois et déjà chacun se préparait en vue d'un combat possible.

Peut-être la harka s'était-elle reformée à notre insu et

viendrait-elle attaquer le camp après avoir enlevé notre troupeau. Qui sait même si elle n'avait pas tenté une simple diversion sur Mazzert pour attirer de ce côté une partie de nos troupes, pendant que le gros de ses forces se lancerait sur le camp ainsi privé d'une partie de ses défenseurs ?

L'état-major avait eu sans doute la même pensée, car bientôt de nombreuses reconnaissances partirent de tous côtés pour fouiller les replis du terrain dans un rayon fixé autour du camp.

Aurions-nous enfin la chance de décrocher une affaire sérieuse ? Allions-nous pour tout de bon tâter du Marocain ?

Hélas ! nous en fûmes encore une fois pour nos illusions et nos espérances. Dans la soirée, les fractions envoyées à Mazzert rentrèrent, et l'on apprit alors qu'il s'agissait simplement d'un djich de quelques dizaines d'hommes, dernier vestige de la harka démembrée, qui avait tenté audacieusement de nous enlever quelques groupes de chameaux. La compagnie et le peloton de spahis, de garde au pâturage, avaient d'ailleurs réussi à le disperser, avant même que les troupes de renfort fussent arrivées jusque-là.

Le lendemain, en raison du prochain départ, la 1ʳᵉ compagnie rentrait au camp, relevée par une compagnie de légion, et nous pûmes avoir par nos camarades quelques détails sur l'escarmouche de la veille.

L'affaire s'était bornée, en somme, à une courte fusillade et à un semblant de poursuite par le peloton de spahis rapidement arrêté par les dunes de l'Erg. Deux hommes blessés chez nous et une dizaine de tués du côté de l'ennemi, tel était le bilan de la journée.

A côté des récits sérieux se glissent toujours quelques anecdotes, ou tristes ou amusantes, dans le genre de celles que nous raconta le camarade Rothenflue, avec sa verve accoutumée.

C'est un soir, au poste de Mazzert. La lune vient de se lever sur le camp endormi, lorsqu'un tirailleur en faction aperçoit tout à coup, aux premiers rayons de l'astre naissant, un objet noir, long et mince, qui s'élève lentement derrière un épais buisson.

« Qui vive ? » crie la sentinelle.

Pas de réponse.

Une deuxième fois l'homme crie :

« Qui vive ? »

Et une détonation résonne dans la nuit.

Tout a disparu derrière le buisson, et le soldat, après avoir rechargé son arme, se dispose à aller reconnaître le résultat de son tir, quand la forme noire doucement se redresse, ironique et insouciante.

Deuxième coup de fusil et deuxième éclipse ; puis, comme l'apparition s'élève de nouveau, pour la troisième fois le tirailleur la fusille.

A ce moment, les hommes du poste arrivent ; on va voir, et l'on trouve derrière le buisson un chameau de la colonne, oublié là à la tombée de la nuit, et qui, paisiblement, restait accroupi.

En redressant par moments la tête sur son long cou, il avait causé tout ce drame, et il restait d'ailleurs indemne et parfaitement tranquille, nullement ému par la mort qui l'avait frôlé trois fois.

A quelques jours de là — c'était la veille de l'attaque du troupeau — un autre tirailleur montait sa faction de nuit sur une des faces du camp.

Le vent du sud soufflait avec force ; des rafales violentes secouaient les tentes et, la nuit, obscurcie par les nuages qui couvraient le ciel, noyait les environs dans d'épaisses ténèbres.

Soudain, le tirailleur aperçoit devant lui la silhouette

blanche d'un indigène qui, prudemment, avec les hésitations d'un homme qui s'oriente, se dirige vers le camp.

« Halte-là ! Qui vive ? »

Les deux appels s'enfoncent dans la nuit ; mais, au milieu des bruits et des sifflements du vent, l'homme sans doute ne les a pas entendus, car il continue d'avancer. Un coup de feu raye les ténèbres ; la forme blanche tombe, et les tirailleurs du poste, accourus au bruit de la détonation, trouvent étendu sur le sable un habitant du ksar de Mazzert, portant, dans sa « djebira » (1), une lettre que le caïd envoyait au capitaine pour lui annoncer la présence d'un djich dans les environs du camp.

Moins heureux que le chameau, le pauvre messager avait trouvé la mort au terme de sa mission. La balle lui avait traversé la poitrine.

Le départ d'Igli.

Le départ avait été fixé au 16 juin, et, dès la veille, l'immense troupeau qui devait remonter avec nous vers le nord était revenu du pâturage, à l'exception des 800 chameaux qui restaient attachés au poste d'Igli.

Comme au départ de Djenien, il fallut distribuer à chaque bachamar sa part du chargement, mais seulement pour les groupes affectés aux unités de la colonne, car il n'y avait pas cette fois de convoi à transporter, et la plus grande partie du troupeau allait marcher à vide.

Le soir, je profitai du clair de lune pour jeter un coup d'œil dans le camp où toute cette multitude d'animaux, avec leurs conducteurs, venait de s'installer.

Après la grande agitation du chargement, c'était alors le silence et le calme ; le mouvement, le bruit s'étaient apaisés, et la scène était ce qu'on peut rêver de plus som-

---

(1) Sachet en cuir.

bre et de plus fantastique, sous la pâle clarté de la lune.
Au milieu d'une confusion d'ombres spectrales, scintillaient d'innombrables petits feux entourés d'un double
cercle de gens et de bêtes, celles-ci servant de remparts
et d'enceinte aux groupes rassemblés.

J'étais certainement très habitué à voir des chameaux,
mais cet animal bizarre ne saurait lasser l'étonnement.
Vus de la sorte à la lueur des foyers rouges, leur long
cou dressé, la tête somnolente et grimaçante, emboîtés les
uns dans les autres, ils prenaient à mes yeux des proportions et des formes tout à fait infernales ; on eût dit des
hydres gigantesques, des dragons, des chimères, des
monstres inconnus conviés à quelque sabbat.

Les Arabes, en rond, adossés à ce bétail chaud, exposaient à la flamme leurs tibias nus et leurs mains ouvertes, serrés côte à côte, la tête enfoncée dans les épaules,
la face éclairée dans l'obscurité du capuchon.

La conversation dans les groupes était reposée, discrète, en cela l'opposé de nos colloques tumultueux. Au
bout d'un instant, dix Français réunis parlent à la fois
et ne s'entendent plus. Les Arabes écoutent celui qui
parle, ne l'interrompent pas, ne donnent aucun signe
d'acquiescement ou de dénégation ; l'orateur parfois s'anime et gesticule, mais nul n'en paraît ému ; lorsqu'il a fini,
et après un moment de silence, un auditeur qu'on aurait
cru de marbre élève la voix, souvent avec véhémence, et
n'est pas écouté moins religieusement. On ne peut pas
dire de ces gens-là, comme des Parisiens, qu'ils ne sont
pas mûrs pour le droit de réunion.

Des flocons de fumée lumineuse planaient sur l'étrange
assemblée. Un original, debout, qui me parut avoir
3 mètres de haut, psalmodiait un chant très dur d'une voix
stridente et nasillarde. On l'écoutait, mais personne ne
le regardait. L'astre de la nuit découpait sur les pentes
du mamelon des silhouettes noires, très nettes, mais sans

forme appréciable. L'obscurité ambiante, la confusion accroissaient l'effet de multitude ; on ne savait où commençait ni où finissait cette foule.

Le lendemain, bien avant le lever du jour, car il fallait profiter de la lune, nous reprenions la direction du nord, emmenant avec nous les deux compagnies du bataillon d'Afrique et un demi-escadron de chasseurs.

Quoique la température fût plus accablante encore que le mois précédent, j'étais assuré de faire la route dans les meilleures conditions possibles ; le commandant avait autorisé les lieutenants qui le désiraient à se procurer des chevaux, et j'avais loué celui d'un bachamar dont les chameaux marchaient à vide, et qui consentait à troquer sa monture ordinaire contre un des animaux de son groupe. Moyennant la somme de 1 fr. 50 par jour, j'allais être, jusqu'à Duveyrier, l'heureux possesseur d'une petite jument râblée et solide, et j'avoue que j'envisageais sous un tout autre aspect qu'à l'aller la perspective de ces quinze jours de route, bien qu'il fallût s'attendre à une chaleur torride.

Pour cette première étape, j'étais à la 4ᵉ face, et l'ambulance allongeait devant moi la longue théorie de ses cacolets et de ses litières. Nous emmenions du camp d'Igli les malades les plus gravement atteints, une cinquantaine en tout, les autres devant être évacués quelques jours plus tard avec la colonne Excelmans, et les mulets déjà ne suffisaient pas. Il avait fallu hisser sur des chameaux ceux qui avaient encore la force de s'y accrocher, et tous ces pauvres corps fiévreux et misérables s'en allaient lentement au pas de leurs montures, affreusement secoués et ballottés par ce roulis insupportable qui donne aux débutants une sensation de mal de mer.

A la queue de ce long convoi de misères et de souffrances, les deux lieutenants du bataillon suivaient côte à côte, allongés dans leurs litières. Ils me paraissaient bien

abattus et inertes, avec la fièvre persistante qui les minait
peu à peu. Chaque secousse, chaque arrêt un peu brusque
leur arrachait des gémissements et des plaintes étouffées,
et, cependant, leurs figures pâles et amaigries, leurs yeux
brillants semblaient rayonner dans la grosse joie que leur
causait le départ.

Combien, parmi tous ces malades, auraient la force
d'atteindre le chemin de fer qui devait les évacuer sur
les divers hôpitaux de la province ? Problème angoissant
et terrible en face des souffrances sans nombre que leur
ménageait la route, et devant l'impossibilité de leur fournir les soins les plus indispensables !

Déjà, la chaleur se faisait sentir accablante dans l'étroite
vallée de la Zousfana, et, sous l'aveuglante clarté du ciel
en feu, la colonne cheminait lentement, l'air à moitié
endormi et mort dans cet anéantissement de fournaise.
Nos malheureux chameaux, fatigués et rendus après les
privations supportées à Igli, commençaient à égrener en
arrière la longue queue de leurs traînards, et c'était de
nouveau l'écœurante boucherie, le massacre forcé, officiel,
de tous ces animaux qui ne pouvaient plus suivre.

J'en vis égorger 90 à la première étape.

. . . .

Après avoir campé à El-Aouedj, nous arrivions le lendemain à Zaouia-Tahtania, le premier ksar des Beni-
Goumi. La vue des palmiers me rappela une mission dont
j'étais chargé. Le capitaine Barthaud, du 2ᵉ bataillon,
m'avait remis un paquet de graines de cresson, en me
priant de les semer le long du ruisseau qui arrose la palmeraie de Taghit à Tahtania. Ce serait une ressource
agréable pour les troupes appelées à circuler plus tard
dans cette région.

Aussi, dès l'arrivée, je m'empressai de gagner les jardins du ksar pour y déposer un peu partout de la précieuse semence.

C'était l'époque où les habitants des ksours désertent leurs demeures brûlantes et vont rechercher pendant le jour l'ombre et la fraîcheur sous les couverts de l'oasis. Des familles entières attendaient, sous les lauriers-roses et les palmiers, que le soleil eût enfin disparu derrière la falaise du Hamada, et, pendant une partie de l'après-midi, je pus étudier à loisir les costumes et les mœurs de ces gens simples et tranquilles.

Le costume des hommes, en général, est celui de tous les peuples primitifs, c'est-à-dire qu'il est réduit à sa plus simple expression : un morceau de cotonnade plié en deux, cousu sur les côtés depuis le bas jusqu'à la moitié de sa hauteur, afin de laisser deux trous pour passer les bras, et avec une large entaille au milieu de sa partie supérieure pour passer la tête. Cette espèce de chemise ou de tunique, comme on voudra, serrée autour du corps par une corde en filaments de palmier, quelquefois par une ceinture de cuir, descend rarement jusqu'aux genoux.

La tête est couverte d'une petite calotte en laine blanche, tellement couverte de crasse imperméable chez l'homme d'un certain âge que, lorsqu'ils travaillent dans leurs jardins et sont pris d'envie de boire, ils s'en servent pour puiser de l'eau.

Ce costume primitif se complique selon le degré de fortune des individus : les riches se drapent fièrement dans l'ample costume arabe.

Quant à celui des femmes, il serait vraiment gracieux s'il y avait, chez ces noires filles d'Eve, la moindre notion de propreté. Elles n'ont de commun avec les femmes arabes du Tell que la robe appelée « malhafa », très ample, à manches larges, ouverte sur un côté et retenue à la taille par une ceinture.

Cette robe est blanche, rouge ou bleue, mais le rouge est préféré. Elles ont la tête couverte d'une sorte de mantille en cotonnade bleue, avec raies rouges et blanches, appelée « bekbenouk », qui entoure la gorge en même temps qu'elle tombe sur les épaules.

Lorsqu'elles sortent, elles s'enveloppent (celles qui le peuvent) dans une grande pièce en laine qui leur couvre aussi la tête et qu'elles peuvent ramener sur leur visage à la vue d'un étranger. Mais il n'y a guère que les femmes mariées et jeunes qui se cachent ainsi.

Des chaussures, je ne leur en ai jamais vu.

Ce qui serait vraiment admiré chez nous, c'est l'arrangement de leur coiffure. Sur le devant de la tête, les cheveux sont soigneusement relevés et frisés, en forme de diadème, tandis que, sur le côté et derrière, ils sont disposés en boucles qui se balancent gracieusement et que l'on a soin de rogner de temps en temps, afin qu'elles ne touchent pas les épaules.

Une sorte de guirlande formée de cauris (petits coquillages blancs) et de morceaux de corail ou de perles rouges, dont les deux extrémités sont fixées dans les cheveux, à hauteur des oreilles, forme sur les boucles de derrière, avec lesquelles elle se balance, un gracieux demi-cercle qui se détache de loin sur la noire chevelure.

La frisure qui surmonte le front est parsemée d'ornements imitant assez bien des fleurs.

Pourquoi faut-il que des malpropretés sans nom enlèvent à cette coiffure tout son charme naturel ? Ainsi, le milieu de la tête, derrière la frisure, est recouvert d'une oreille à l'autre, sur une largeur de quatre doigts, par une épaisse couche d'une pâte jaune composée de dattes pétries avec de l'huile rance dont la détestable odeur se répand au loin.

Le reste de la chevelure, excepté le devant, est imprégné de cette même huile dont on voit des gouttes pendre au bout des tresses, pour tomber entre les épaules.

Quelques-unes, des vieilles, se couvrent de cette pâte dégoûtante toute la partie postérieure de la tête, y compris les tresses, et la tête ainsi enduite ressemble de loin à une grosse carapace de homard.

Les négresses sahariennes portent à chaque bras une demi-douzaine de bracelets en corne ou en argent et, aux jambes, une ou deux paires de kholkral, ou anneaux, qu'elles font sonner pour attirer les regards.

J'ai décrit ici un costume complet ; mais ce costume, il n'y a que les femmes d'une certaine condition qui le portent. Combien de fois n'ai-je pas rencontré des filles de 15 à 16 ans dont les haillons ne couvraient qu'à demi la nudité ! Combien de femmes aussi n'ai-je pas vues se promener à peine vêtues d'une mauvaise chemise de laine, se drapant de leur mieux dans une pièce d'étoffe trop courte pour leur taille, toute criblée de trous, de déchirures et noire de malpropreté !

Et pourtant elles vont bravement, sans aucune honte, portant à califourchon sur leurs reins une sorte de petit monstre complètement nu dont la tête n'a rien d'humain.

. . . .

Le lendemain, au départ de Tahtania, il m'arriva une aventure bien désagréable et qui aurait pu mal tourner pour moi :

Ma compagnie était désignée comme flanc-garde de gauche tout le long de l'étroit défilé qui va jusqu'à Taghit. Un peloton, celui de Castella, devait gravir la falaise du Hamada et marcher sur la hauteur parallèlement à la colonne, tandis que le mien, sous la direction du capitaine, suivrait le fond de la vallée, en traversant l'oasis d'un bout à l'autre. Quant au chemin suivi par le gros de la colonne, il était, on se le rappelle, à droite de l'oasis, au pied des dunes.

Nous partions à 2 heures, et, en qualité d'officier de jour de la compagnie, j'étais allé rendre l'appel du matin au capitaine adjudant-major ; mais, lorsque je fus revenu sur la face que nous occupions dans le carré, je m'aper-

çus qu'elle était vide : la compagnie avait disparu et ma
monture avec elle. A ce moment, d'ailleurs, le mouvement
commençait, et toute la masse d'hommes et de chameaux
s'ébranlait lentement dans la direction de Taghit.

Il me fallait en toute hâte rattraper mon peloton. Je
savais que l'ordre avait été donné au capitaine de ne pas
se hasarder dans la palmeraie pendant la nuit, à cause
des fossés, des puits et des fondrières qui la sillonnent.
Il devait suivre, dès le départ, un vague sentier existant,
paraît-il, au pied du Hamada, entre la falaise et l'oasis,
et pénétrer à l'intérieur des jardins seulement au lever du
jour.

Aussi rapidement que me le permet la clarté de la lune,
je contourne la queue de l'oasis et je commence à m'engager dans le sentier indiqué.

Mais alors la lune disparaît entièrement, masquée par
les crêtes. Je me trouve dans un étroit boyau, où deux
hommes ne pourraient passer de front, entre des pentes
à pic de 100 mètres de hauteur à gauche et les palmiers
de l'oasis à droite ; l'obscurité, subitement épaissie dans
ce labyrinthe, devient impénétrable.

Pour comble de malheur, le sentier si précieusement
recommandé n'existe qu'à l'état de légende. Je chemine
péniblement dans un amas de cailloux et de rochers où
je manque à chaque instant de me rompre les os, et, de
la pointe de mon sabre, je fouille l'obscurité devant moi
pour découvrir les obstacles.

Mon peloton est déjà loin sans doute, et cependant je
m'étonne qu'il ait pu avancer si rapidement au milieu de
telles difficultés. Sur ma droite, de l'autre côté de l'oasis,
j'entends distinctement les bruits de la colonne en marche, le beuglement des chameaux, les cris rauques des
chameliers, et je me demande un moment si je ne vais
pas renoncer à poursuivre ma route pour traverser l'oasis
et les rejoindre ; mais cette traversée de la palmeraie

m'épouvante avec ses mille dangers, puits, murs et marais
cachés sous les épaisses ténèbres, et je me décide à continuer mon chemin à traver les rochers et les crevasses qui
l'obstruent.

Pendant plus d'une heure, je chemine ainsi en aveugle,
tâtant devant moi des pieds et des mains, roulant dans
des trous. me heurtant à la pointe des rocs, haletant,
trempé de sueur, et tout à coup une pensée terrible m'arrête net et me secoue d'un frisson d'angoisse : si, dans
une de mes nombreuses chutes, je me cassais quelque
membre ! Si j'allais rester là seul, misérable et sans force,
exposé à la vengeance haineuse des indigènes qui me
trouveraient sûrement au lever du jour ! Et, dans une
hallucination atroce, je vois déjà mon corps déchiqueté
et ma tête suspendue au-dessus de la porte d'un ksar !
Je reste là immobile et glacé, bien décidé à attendre le
jour et, s'il le faut, à vendre chèrement ma vie.

D'ailleurs, j'ai dû marcher assez vite, malgré les difficultés du chemin, car j'ai dépassé la tête de la colonne
qui, elle aussi, avance péniblement dans les sables et
j'entends son haleine bruyante et son piétinement colossal de foule en marche, loin derrière moi, au delà de
l'oasis.

Tout à coup, des cris, des appels, partis de l'intérieur
de la palmeraie, arrivent jusqu'à moi. Ces clameurs,
étouffées d'abord et indistinctes, se précisent peu à peu,
et s'avancent, puis j'entends mon nom plusieurs fois ré-
pété. Plus de doute, c'est mon peloton qui chemine sous
les palmiers, et le capitaine, inquiet de mon sort, cherche
à attirer mon attention.

A mon tour, je réponds par des coups de sifflet, et
bientôt, à ma grande joie, je me retrouve au milieu de
mes hommes.

Renseigné par un indigène du pays sur l'existence d'un
chemin praticable dans la palmeraie, le capitaine n'avait

pas hésité à le prendre dès le départ ; mais, dans l'obscurité, il n'avait pas remarqué mon absence, il ne s'en était aperçu que beaucoup plus tard.

A ce moment, le jour commençait à se lever ; l'oasis retentissait des premiers bruits du matin, avec les cris des oiseaux et le chant des coqs à la lisière des ksours, et la deuxième partie de l'étape s'acheva dans un enchantement continuel, sous le merveilleux décor des grenadiers et des palmes, et avec la bienfaisante fraîcheur du ruisseau caché entre ses deux rangées de lauriers-roses.

Après Taghit, au lieu de se diriger directement sur El-Moungar, la colonne vint camper à Zafrani, de façon à couper en deux cette longue étape, car la chaleur était vraiment par trop excessive pour continuer à marcher dans le milieu du jour.

Le point d'eau de Zafrani, situé au bord de l'Erg, légèrement au sud de la route précédemment suivie, n'est pas un puits : c'est un tilma. Le tilma, en effet, n'est pas une source dont l'eau se renouvelle plus ou moins rapidement : c'est une sorte de citerne, renfermant une certaine quantité d'eau mélangée avec du sable et garantie par celui-ci contre les rayons solaires.

Cette eau provient des pluies : elle filtre à travers les sables et se trouve arrêtée à une certaine profondeur par une couche imperméable, de l'argile généralement, formant cuvette.

Quand il a plu beaucoup, l'eau dépasse la surface du sable saturé et apparaît à l'extérieur. Dans le cas contraire, ce qui est la généralité, car les pluies sont rares dans ces contrées brûlantes, l'eau reste invisible : il faut la rechercher et l'extraire du sable en creusant des trous dont on garnit le fond et les parois, soit au moyen de pierres sèches, soit au moyen de branches de palmier.

On peut organiser aussi des puits permanents, comme

cela a été fait par la suite, recouverts d'une coupole maçonnée, et faciles à reconnaître de loin.

En pays inconnu, l'existence des tilmas se révèle habituellement par la présence sur le sol d'herbages verdoyants, de palmiers plus ou moins touffus, de joncs, etc.

. . . .

Jusque-là, je croyais avoir souffert du siroco autant qu'il est possible d'en souffrir, pendant mon séjour à Igli, et je ne pensais pas qu'on pût le voir plus violent et plus détestable ; mais l'étape d'El-Moungar à El-Morra devait encore me détromper sur ce point.

En effet, le moindre abri, le moindre couvert paralysent un peu l'action du vent et garantissent en partie des sables et de la poussière ; aussi il faut l'avoir subi en route, pendant le cours d'une étape, pour ressentir dans toute leur horreur les souffrances qu'engendre un pareil fléau.

Nous étions partis d'El-Moungar par un temps splendide : le ciel était très pur, et un vent frais soufflait du nord-est, effleurant le sol. Tout à coup, au bout de quelques heures de marche, une partie du ciel s'obscurcit, un nuage très sombre arrive en sens inverse du vent, d'abord noir, puis jaune, puis pareil à une fumée d'incendie.

Il grossit et s'avance sur nous, diminuant avec une effrayante vitesse l'étendue que le regard embrasse. En avant de sa masse énorme et sphérique, glissent de petits tourbillons blancs tournant en spirale sur eux-mêmes et formant de petits cônes qui courent à ras de terre, la pointe en bas. La masse balaye tout. Un bruit grossissant sort de ses flancs, mugissement sinistre mêlé d'éclats de tonnerre. Il est clair qu'un orage pousse la nuée rouge : les deux fléaux tourbillonnent ensemble, emportés sur le même souffle.

Chose étrange, l'ouragan est à cent pas de nous, et la

même brise fraîche continue à courir en sens contraire ;
toute une moitié de l'éther resplendit la lumière.

J'ai juste le temps de mettre pied à terre, tout le monde
s'arrête et chacun se couche, se tapit, s'enveloppe comme
il peut. La brise cesse tout à coup : il se fait un calme
terrible de quelques secondes. Les chevaux, consternés,
tournent la croupe à la tempête, se campent et baissent
le col. Nos regards anxieux se fixent à la dérobée sur le
cyclone : il est là, grondant, et s'avance comme un globe
enflammé, il est sur nous.

Une chaleur intense et dévorante nous envahit ; ma peau
se dessèche, ma gorge brûle. J'essaye d'entr'ouvrir les
yeux ; je perçois vaguement comme l'intérieur d'une fournaise ; je ne vois ni ma jument que je tiens, ni mes hommes. Je me précipite à plat ventre, aveuglé comme si l'on
m'eût jeté une poignée de braise à la figure.

Le sable pénètre à travers mes habits, par toutes les
issues, brûlant, aigu, lancinant.

Le supplice dure un quart d'heure, puis une accalmie
se produit, le gros de la tourmente est passé, et je vois
tous nos hommes se relever et se secouer. Le vent souffle
encore violemment, mais cependant la colonne peut se remettre en marche. Sur le sol, couvert d'une fine poussière,
elle soulève un long nuage qui s'étend derrière nous
comme la queue d'une comète. Le ciel est absolument obs-
curci par les nuées de sable chassées par le vent et je ne
peux distinguer quoi que ce soit dans un rayon de 5 mètres. En même temps je suis littéralement asphyxié, je ne
puis ouvrir ni les yeux ni la bouche, et, par le nez, j'absorbe des flots de poussière.

Cette marche à travers la tourmente fatigue énormément
les hommes et les animaux.

Nous arrivons cependant à El-Morra où le camp se
dresse tant bien que mal ; mais les tentes elles-mêmes sont
impuissantes à nous protéger. Quoique la toile soit très

serrée, le sable s'infiltre par ses interstices et couvre mon lit de camp et mes bagages d'une couche épaisse de poussière.

Les hommes, à demi abrités par leur petite tente, s'enveloppent la tête de leur capuchon, et les chameaux accroupis par terre allongent leur cou sur le sable dans le sillage du vent.

Au milieu de ce déchaînement, inutile de songer à allumer un feu. Pour dîner on doit se contenter de biscuit sec et d'eau, avec une boîte de conserves.

A la tombée de la nuit, pendant quelques minutes, se produit une accalmie, puis l'ouragan reprend ensuite plus violent que jamais. Après notre frugal repas, je rentre dans ma tente, et, comme d'habitude, à la lueur d'une bougie, j'essaie d'écrire quelques notes ; mais en deux minutes mon encrier est .empli de sable et sur mon papier se forment de véritables dunes qui arrêtent la plume. Il faut y renoncer pour cette fois.

Il est prudent aussi de se coucher tout habillé, car le lit n'est pas précisément doux ; c'est une véritable râpe. Ajoutez à cela une impression angoissante d'étouffement sous cette ondée incessante de fine poussière.

Le lendemain, au réveil, toute trace de la tempête avait disparu et le ciel était, comme d'habitude, calme et bleu. Mais, si l'horrible tourmente avait fatigué les gens valides, que dire des malheureux malades qui encombraient l'ambulance ? Trois d'entre eux étaient morts, fauchés par l'affreux tourbillon, et les autres restaient abattus et brisés comme le fiévreux lorsqu'il a été terrassé par un accès violent.

Heureusement ce devait être la dernière grosse souffrance de la route. Après le passage de l'ouragan, l'air s'était légèrement rafraîchi, et, le 27 juin, la colonne arrivait sans trop de difficultés à Djenan-ed-Dar, où avait lieu la dislocation.

Les deux compagnies du bataillon d'Afrique et le demi-escadron de chasseurs rentraient à Aïn-Sefra. L'état-major et deux compagnies de mon bataillon restaient à Djenan-ed-Dar, et les deux autres, dont la mienne, devaient s'arrêter le lendemain à Duveyrier.

<h1 style="text-align:center">VII</h1>

<h2 style="text-align:center">DUVEYRIER</h2>

———

Installation au poste.

Duveyrier, ainsi baptisé l'année précédente par M. Laferrière, en souvenir du célèbre explorateur, se nommait jadis Zoubia, nom qui veut dire, en arabe : fumier, ordure ou, plus exactement, dépotoir.

C'est un point d'eau dans une plaine pierreuse, entre des collines tourmentées et plus pierreuses encore.

Une grande redoute en terre, à peine achevée, couronne un tertre aplati qui domine les sources et les puits voisins du lit desséché de la rivière, l'oued Dermel. Elle est occupée par les troupes formant la garnison propre du poste : les troupes disponibles campent à l'entour, sur une sorte d'esplanade limitée par un mur de pierres sèches.

Au nord, s'élève une haute colline, d'où l'on aperçoit Figuig : des sentinelles s'y tiennent tout le jour, observant l'horizon. Au sud, s'ouvre un large couloir entre deux lignes de hauteurs peu épaisses, mais très allongées. A l'ouest, la plaine s'étend jusqu'à 7 ou 8 kilomètres. A l'est, le terrain s'abaisse sur le lit de la rivière, large dépression ravinée qu'encombrent les tamaris et les verveines sauvages. Çà et là, de petites dayas écorchent le sol. Elles sont parsemées de broussailles au-dessus desquelles s'élèvent quelques térébinthes ; mais tous ces arbres, même les plus jeunes, semblent rachitiques, noués, séniles, sans vigueur et sans sève.

Après chaque pluie, les dayas se tapissent d'un gazon très dur et très fin qui pousse en un jour, puis se flétrit presque aussi rapidement. Alors également une plante rampante, semblable au lierre, se couvre tout à coup de grandes fleurs blanches parfumées. Plusieurs fois j'ai voulu faire sécher et garder comme souvenir ces fleurs du désert, mais leurs légers pétales se fanent et tombent dès qu'elles sont cueillies.

Quelques masures viennent d'être hâtivement construites entre la redoute et la rivière ; elles sont habitées par un boulanger espagnol, un cafetier arabe, un brodeur sur cuir figuiguien et plusieurs mercantis de nationalités diverses. Le notable du village naissant est Guillaume — Monsieur Guillaume, — épicier, fruitier, marchand de vins, etc... Audacieux, intelligent, complaisant et même honnête, il a fait fortune par la suite.

Du village la vue s'étend sur tout le bas-fond qui va de l'est à l'ouest et le long duquel apparaissent, de distance en distance, les vertes dayas, unies entre elles par une ligne estompée de gazon tendre. Les chevaux du goum, entravés avec des cordes d'alfa, paissent çà et là, surveillés de loin par quelques « krammés » qui se distraient comme Tityre, à l'ombre des bétoums, en jouant des airs champêtres dans des feuilles de roseaux.

Les chevaux, la tête pendante, restent établis sur leur quatre jambes et ne font pas un mouvement. Débarrassés de leurs maîtres, on les prendrait pour de vieilles rosses fourbues. Sans son cavalier, le cheval arabe a l'air d'un corps sans âme ; mais, au premier contact du talon, son beau feu de coursier se rallume, on peut dire qu'il est le superbe animal de Buffon et même quelque chose de plus.

Dès notre arrivée à Duveyrier, on nous fit camper avec

la colonne volante dont nous allions faire partie ; nous devions y remplacer le 4ᵉ bataillon du 2ᵉ tirailleurs, qui devait nous quitter, quelques jours plus tard, pour escorter un convoi jusqu'à Taghit.

Comme à Igli, chacun s'installa immédiatement un abri pour la sieste, car la chaleur devenait intolérable pendant le jour, malgré tous les essais d'aération. Les uns bâtirent des maisonnettes en terre ; d'autres construisirent des gourbis avec des branches de tamaris, autour desquelles étaient entrelacées des ramilles de genêts ; d'autres encore s'ingénièrent pour couvrir avec leurs toiles de tentes des châssis de bois qui laissaient circuler l'air librement. Mais les cabanes en branchages réunirent presque tous les suffrages.

En effet, elles abritent bien du soleil sans intercepter l'air, et les genêts nouvellement cueillis exhalent une vague fraîcheur. Malheureusement les ramilles se resserrent en séchant ; il faut, chaque jour, boucher quelque trou subitement révélé par un rayon de soleil indiscret.

Notre séjour dans le camp de la colonne volante fut d'ailleurs de courte durée. Le 8 juillet, le 4ᵉ bataillon partait vers le sud, emmenant le convoi destiné à ravitailler en vivres, jusqu'au 15 octobre, les garnisons d'Igli et de Taghit. En plus de ce bataillon, l'escorte comprenait : la compagnie montée du 2ᵉ étranger, un demi-escadron de spahis, un détachement du train et 25 goumiers. Toutes ces troupes étaient sous les ordres du commandant Bichemin, du 2ᵉ tirailleurs ; le convoi comptait 5.200 chameaux.

Le lendemain 9, la colonne de Duveyrier fut disloquée, par suite du départ de tous ses chameaux avec le convoi, et ses divers éléments furent répartis entre les postes de Duveyrier, Hadjerat, Djenien et Aïn-Sefra.

Quelques jours après, notre agent consulaire de Fez, ayant fait connaître que le mouvement d'agitation du Tafilalet avait définitivement échoué, par suite de la famine et de la rivalité des tribus, et que le calme complet était revenu, il devenait inutile de maintenir concentrées des forces considérables. Le bataillon du 2ᵉ zouaves fut donc renvoyé par voie ferrée jusqu'à Oran ; l'escadron de chasseurs d'Afrique de la colonne de Duveyrier reçut l'ordre d'occuper Méchéria, devenu vacant depuis le départ pour l'expédition de Chine de l'escadron du 6ᵉ chasseurs qui y tenait garnison, et le bataillon du 1ᵉʳ étranger se rendit à Aïn-Sefra.

Enfin le 1ᵉʳ bataillon d'Afrique revint à Méchéria et au Kreider.

Quant à nous (3ᵉ et 4ᵉ compagnies), nous formions définitivement la garnison de Duveyrier et nous pûmes nous installer dans la redoute, où les zouaves avaient déjà construit un petit baraquement en maçonnerie pour les officiers.

Le 14 juillet.

Cependant, avant le départ de toutes ces troupes, nous avions eu le temps de célébrer en grande pompe la fête du 14 juillet, avec la revue traditionnelle passée, sur le plateau au nord de la redoute, par le commandant Bulharouski, du 2ᵉ zouaves.

Les solennités militaires, toujours grandioses et si recherchées du public, sont peut-être plus belles encore en Algérie qu'en France avec la diversité et l'éclat des uniformes, et sous le soleil splendide qui fait rutiler les ors et déverse à flots dans ses rayons l'ardeur et la gaîté !

A vrai dire, notre revue de Duveyrier péchait un peu par le cadre, car il faut à ces fêtes les bruits et les ovations de la foule ; mais, cependant, dans ce désert et à deux pas d'une frontière sournoise et dangereuse, elle ne manquait pas de grandeur.

Le soir, il y eut jeux et divertissements variés pour les hommes, aussi variés que les maigres ressources du poste nous l'avaient permis. Il y avait mât de cocagne, jeu de boules, courses en sac, jeu du baquet, etc., et la fête battait son plein, quand tout-à-coup un mouvement extraordinaire se produisit dans la foule ; tout le monde se précipitait en dehors du terrain des jeux, et j'entendais crier :

« Le goum ! Le goum ! »

Quelque chose de confus et de flottant apparaissait à quelques centaines de mètres derrière une ondulation du sol ; c'était un groupe de trois cavaliers serrés l'un contre l'autre, tête contre tête. Ils arrivaient à fond de train, comme un ouragan, sans se désunir, le fusil en joue. Ils approchèrent à vingt pas de nous, tirant au maximum de leur vitesse, puis se dispersèrent, firent une volte, et revinrent en arrière paisiblement en rechargeant leurs armes.

Cela avait duré quelques secondes.

D'autres cavaliers se montraient de tous côtés et fondaient sur nous avec le même entrain furieux, par deux, par quatre ou seuls. Plusieurs guerriers exécutaient la fantasia en même temps. Ils étaient une centaine ; on eût cru qu'ils étaient mille. L'air sentait la poudre. La fusillade ne s'interrompait plus : des balles oubliées sifflaient sur nos têtes... Le sol tremblait. La scène devint une mêlée enivrante.

Parmi les goumiers, tous gens de distinction, je remarquais des chefs somptueusement équipés. Ils manœuvraient seuls et, après avoir tiré, ils venaient serrer la main du commandant, qui avait fort à faire de rendre tous ces saluts. On reconnaissait dans le nombre quelques chasseurs de gazelles, à leur aplomb, leur immobilité dans la visée.

Il y avait des jongleurs qui jetaient en l'air leur fusil et le rattrapaient, et, parmi les gentilshommes, de pauvres hères en piètre équipage poussant au galop des haridelles botteuses.

On peut imiter dans tous les cirques les exercices équestres des goumiers, leurs prouesses, leurs tours de force ; mais cet entrain, cette furie, ces grandes allures sont inimitables, parce que le cadre est approprié à l'action.

Une fantasia n'est rien sur une place d'armes, dans un carrousel, exécutée par des comédiens : il faut voir cela représenté par de vrais Arabes, dans le vrai Sahara, sous un soleil, hélas ! trop fidèle au tableau.

C'est splendide !

Attaques de nuit et embuscades.

En cette saison, le soleil se lève vite, sans aube et sans aurore, vers 5 heures du matin. Dès la première lueur du jour, le camp s'éveillait. L'air était presque frais.

C'était le moment de vaquer aux diverses occupations militaires, ou bien, pour ceux qu'aucun service n'engageait, d'aller tout simplement faire une promenade dans les environs, à pied ou à cheval. Vers 8 à 9 heures, la chaleur augmentait pour atteindre son maximum entre midi et 3 heures, pendant la sieste. Un peu de service, une lettre à écrire, la moindre chose occupait la fin de la soirée.

Si nos journées étaient calmes, par contre presque chaque nuit on entendait quelques coups de feu tirés par nos sentinelles contre les rôdeurs. D'ordinaire, ces malandrins n'opèrent pas isolément ; ils se réunissent pour former ces petites bandes nommées « djich » qui sont la plaie du pays. Avec une patience incroyable, ils suivent les caravanes, attendent les voyageurs à l'affût, épient autour des camps la minute où une sentinelle fatiguée devient moins vigilante. D'ailleurs ce sont de fort habiles gens, experts en mille stratagèmes.

Pour le moment, leur objectif était de prendre des animaux et surtout des fusils qu'ils vendaient à Figuig ; mais tout leur était bon, même les moindres choses, celles qui, par leur minime valeur, semblaient les moins tenantes. Parfois, ils rampaient sur le sol, complètement nus, tenant au-dessus d'eux un bâton surmonté d'un tampon entouré de toile, d'où tombait un burnous. Venaient-ils à être aperçus ? On tirait sur le simulacre, tandis qu'ils s'enfuyaient, presque invisibles, grâce à la nudité de leurs corps bruns.

Leur audace allait même jusqu'à essayer de pénétrer seuls dans la redoute, pendant la nuit. Comme je l'ai dit dans un chapitre précédent, nous occupions une simple redoute en terre dont le profil rappelait assez l'ouvrage de compagnie tel qu'il était décrit dans l'ancien règlement sur les travaux de campagne.

Un soir, un tirailleur était de faction dans un des angles en forme de bastion qui flanquaient le mur d'enceinte. Tout à coup il entend à l'extérieur un bruit léger comme un glissement et un murmure imperceptible de respiration étouffée. Sentant l'ennemi, et jugeant qu'il n'a affaire qu'à un seul rôdeur, il veut le faire prisonnier. Il dépose à terre son fusil qui le gêne et se dissimule soigneusement ; puis, au moment où la tête du Marocain émerge au-dessus du parapet, il bondit comme une panthère et l'accroche aux épaules. Mais l'adversaire est vigoureux ; d'un effort désespéré il a hissé le factionnaire sur le parapet où une lutte corps à corps s'engage entre les deux hommes, qui roulent finalement dans le fossé extérieur. A ce moment, le tirailleur se décide à appeler à l'aide ; mais, lorsque les hommes du poste arrrivent, ils le trouvent seul, décontenancé et furieux, avec un mauvais burnous entre les mains. Souple comme une anguille, le Marocain lui a glissé entre les doigts, sacrifiant pour se sauver sa défroque crasseuse.

A quelques jours de là, un vieux Figuiguien, dont le fils avait été tué dans une affaire récente et qui avait résolu de le venger, part seul la nuit et se dirige sur Duveyrier. Arrivé à proximité d'un angle de la redoute, où il juge que doit se trouver un factionnaire, il s'avance en rampant, glissant comme une couleuvre dans les ténèbres ; puis, s'arrêtant au bord du fossé, il lance un caillou du côté opposé pour attirer l'attention du tirailleur dont il n'aperçoit que le haut de la tête au-dessus du parapet ; comme celui-ci instinctivement se redresse pour voir ce qu'il y a là, il tire à bout portant et lui fracasse le crâne.

C'est par lui-même que l'on connut ces détails, quelque temps après, alors qu'il faisait partie d'un djich capturé après une poursuite laborieuse. Il paraissait tout fier de son exploit et s'en vantait courageusement.

Pendant un certain temps, on essaya d'opposer à ces hardis rôdeurs des embuscades de 3 ou 4 hommes, que l'on plaçait à la tombée de la nuit dans les dépressions, fonds de ravins et autres points de passage, dans un rayon de quelques centaines de mètres autour de la redoute.

Elles devaient surprendre les assaillants lorsqu'ils s'avanceraient à découvert, confiants dans l'éloignement du poste ; mais, chose extraordinaire ! nos ambuscades furent toujours éventées ou bien surprises elles-mêmes.

Avec une patience inlassable et des ruses d'apache, sur lesquelles j'aurai l'occasion de revenir, ils réussissaient à découvrir dans l'obscurité et à éviter ces postes microscopiques, ou bien, quelquefois, s'attaquaient directement à eux pour enlever leurs armes et leurs munitions.

La sentinelle d'un de ces postes, placée à dix pas de ses camarades, fut tuée un soir à bout portant par un Marocain qui réussit à emporter son fusil en abandonnant en échange une vieille carabine à pierre.

On peut juger, par ces quelques faits, du degré de hardiesse et d'astuce auquel atteignaient ces pillards, pour se jouer ainsi de tirailleurs, c'est-à-dire de gens de la même race, habitués comme eux à toutes les surprises de la vie nomade, doués d'une vue perçante et d'un flair extraordinaire.

Nos nuits, constamment troublées par ces attaques et ces coups de fusil continuels, nous procuraient rarement le repos indispensable après les grosses chaleurs de la journée, et c'était encore là une grande source de fatigues, d'autant plus qu'il était impossible de rentrer de bonne. heure dans nos baraques chauffées à blanc pendant le jour, et qui restaient jusqu'à minuit comme des étuves de bain maure. Généralement nous allions à deux ou trois jusqu'au village, chez Guillaume, l'épicier-aubergiste, qui nous servait au dehors des rafraîchissements variés, et la soirée s'écoulait, calme et assez agréable, sous le beau ciel criblé d'étoiles, avec le concert lointain des hyènes et des chacals en quête de pâture.

Un soir, vers 10 h. 1/2, nous étions quatre autour d'une table boiteuse, gravement occupés à jouer aux cartes à la lueur d'une bougie fichée dans une bouteille, quand tout à coup plusieurs détonations parties de la redoute nous firent bondir de nos chaises.

Qu'arrivait-il ? Il n'y avait jamais eu encore d'alerte à pareille heure, et cela semblait sérieux, car, après une accalmie d'une ou deux minutes, les coups de feu avaient repris, changés bientôt en une fusillade nourrie, où l'on distinguait nettement les claquements du lebel et les détonations sourdes et puissantes du lourd fusil marocain.

C'était évidemment une attaque en règle.

Vivement, j'avais soufflé la bougie dont la lueur pouvait attirer sur nous l'attention de l'ennemi, et nous restions là, debout, immobiles et muets, très inquiets en somme, et nous demandant ce qui allait advenir de tout cela. Non pas que nous eussions la moindre crainte sur l'issue du com-

bat engagé entre les Marocains et le poste, car il était
hors de doute que les deux compagnies résisteraient vic-
torieusement ; mais notre position, à nous, était plutôt cri-
tique, sans armes, à 200 mètres de la redoute et dans l'impossibilité d'y entrer, sous peine de récolter à la fois les
coups des assaillants et ceux des défenseurs.

Que deviendrions-nous si, les Marocains échouant devant la redoute, il leur prenait fantaisie de se rabattre
sur le village ? Question angoissante s'il en fût !

Heureusement, nos transes ne furent pas de longue
durée : au bout de dix minutes d'une fusillade plus vive
que meurtrière, les assaillants, convaincus de leur impuissance, se résignèrent à abandonner la lutte et à rebrousser
chemin sur Figuig.

Tout impatients que nous étions de rentrer à la redoute,
il nous fallut user de précautions pour éviter les accidents possibles. Nous étions habillés de blanc, et les sentinelles, encore énervées à la suite du combat, pouvaient
se méprendre et nous fusiller consciencieusement ; aussi,
jugeâmes-nous prudent de nous annoncer de loin par de
grands cris et des appels répétés.

Le lendemain, il fut décidé que personne ne sortirait de
la redoute après 9 heures du soir.

Mes visites à Duveyrier ne se bornaient pas à la salle
de consommation du cafetier Guillaume : il n'y avait pas
de jour que je n'aille passer une heure ou deux chez le
« caouadji » Ben Aouda, qui avait dressé sa tente au sud
du village, face à la vallée de l'oued Dermel.

Ce Ben Aouda était particulièrement attaché à ses camarades les goumiers ; ils les accompagnait dans toutes
leurs expéditions en qualité de cafetier, de restaurateur
et d'ami. C'était un vieillard sec et ployé en arc, cachant
une vigueur de fer sous une enveloppe chétive. Il ne portait jamais de burnous, mais seulement une culotte et un
gilet bleu céleste ; sa figure parcheminée disparaissait

sous un haïk serré négligemment au front par un bout
de corde.

On ne peut imaginer un homme plus flegmatique et
plus taciturne, plus avare de paroles et de mouvements
inutiles. Je me demandais ce qui pouvait l'émouvoir. Il
avait parfois jusqu'à vingt personnes à servir, et n'en
paraissait pas plus agité que si le moment fût venu de
faire la sieste.

Pourtant, rien n'égalait son habileté professionnelle et,
à quelque moment qu'on arrivât, on attendait rarement
sa tasse plus d'une ou deux minutes, sans que cet hôte-
lier modèle, qui n'avait point d'aide, eût seulement l'air
de nous apercevoir.

Il faisait tout lui-même, entretenait le feu, pilait le café,
découpait le sucre, servait le public, lavait tout, plantait
sa tente et soignait sa mule.

Il était encore boucher, barbier et berger.

Dix garçons de café, les cheveux au vent, eussent suffi
à peine à cette besogne à laquelle il semblait presque
étranger. On disait qu'il était fort brave homme, et il ne
voulut jamais accepter de nous plus de deux sous, prix
courant de la tasse de café, malgré les suppléments de
sucre que nous réclamions.

Quand il revenait de Djenien, point terminus de la voie
ferrée, où il se réapprovisionnait, j'admirais toujours son
équipage composé d'une mule pour le moins aussi vieille
que lui, portant le plus fabuleux attirail d'un pas sûr et
résolu ; entre les couffins rebondis se tenait Ben Aouda
en personne, grave et discret.

La tente du caouadji était le rendez-vous de tout ce
qui avait rang présentable parmi le goum.

L'assemblée était généralement très choisie, et, rien
qu'aux mines, on se sentait dans un monde élégant et
distingué. Ceux qui ne portaient pas la botte de cuir
rouge laissaient voir avec complaisance l'exostose volu-

mineuse que le frottement de l'étrier leur avait fait venir au-dessus du cou-de-pied.

On sait que cette protubérance est la marque qui révèle le cavalier et le distingue du fantassin ou vulgaire mokhrazeni. Il n'en faut pas plus pour qu'un homme, suivant qu'il porte ou non ce noble stigmate, soit classé parmi les preux ou parmi les vilains.

Entre tous ces habitués de la tente, se distinguait notre ami Ben Brahim, chef du goum, homme de naissance et de valeur, grand chasseur et brave soldat, véritable type du gentilhomme saharien.

C'était un homme d'une quarantaine d'années, vêtu avec une élégance extrême. Avec son teint légèrement basané, sa barbe soigneusement peignée et ses yeux noirs, son visage avait la finesse et la pureté qui sont le blason de ces castes nobiliaires. On n'eût pu trouver ailleurs tant de noblesse et d'exquise douceur unies à un si grand air de force et de vaillance.

De plus, Ben Brahim, qui connaissait peu nos usages et parlait très imparfaitement notre langue, nous a cent fois étonnés par un tact et un instinct des convenances qu'on rencontre à peine dans nos sphères les plus élevées. Par exemple, il était très bon musulman, et même d'une secte et d'une famille où l'on ne fume pas ; malgré cela, un jour qu'il mangeait à notre table, il accepta les mets les plus suspects, sur notre simple affirmation qu'ils ne renfermaient point de graisse.

Des dévôts bien élevés, et peut-être moins sincères, n'auraient pas toujours ce goût parfait dans un dîner de vendredi.

De tels riens disent beaucoup. Une race qui produit des hommes pareils ne s'éteindra pas comme on veut bien le dire : il est permis d'attendre tout d'elle.

Elle mérite en tout cas qu'on s'en occupe, et vaut la peine qu'on se l'attache.

Combat d'El-Moungar.

Le 2 août, vers 10 heures du soir, nous nous préparions à regagner notre lit de camp, lorsqu'un courrier spécial arriva, porteur d'une dépêche expédiée d'Aïn-Sefra par le général commandant le territoire : le convoi Biche-min avait été attaqué, le 30 juillet, à El-Moungar ; il y avait des tués et des blessés ; une compagnie allait partir le lendemain de Djenan-ed-Dar pour se porter au-devant de lui et lui amener des mulets et un supplément d'objets de pansement ; enfin, une autre compagnie, la mienne, devait se rendre immédiatement à Djenan pour remplacer celle-ci.

Les préparatifs furent rapidement faits, et, une heure plus tard, nous quittions la redoute sans bruit et à bonne allure, pour arriver de grand matin, comme le recommandait le général.

Malheureusement, c'était une nuit sans lune ; l'obscu-rité était complète, à peine éclairée par les quelques étoi-les qui brillaient au ciel, et, comme il n'existait pas de route entre Duveyrier et Djenan-ed-Dar, nous étions obli-gés de nous arrêter toutes les dix minutes pour consulter la boussole à la lueur douteuse d'une allumette.

Les étapes de nuit sont déjà bien fatigantes, faites sur une grande route où l'on n'a cependant qu'à poser les pieds l'un devant l'autre, machinalement, sans s'occuper de direction ni d'obstacles possibles ; mais je ne connais rien de plus dur et d'aussi épouvantable que ces marches en aveugles, à travers un terrain inconnu, où l'on heurte à chaque instant des mottes de terre et des touffes, où l'on ne peut poser qu'en tâtonnant les pieds à terre, sous peine de tomber dans des trous ou de rouler dans des ravins !

Un moment le capitaine hésita entre l'idée de s'arrêter sur place pour attendre le lever du jour, et celle de continuer coûte que coûte. Ce fut la dernière qui l'emporta, et, après de nombreux détours et kilomètres inutiles, nous arrivâmes enfin, vers 8 heures, harassés, fourbus, à demi morts de fatigue et de sommeil.

La 2ᵉ compagnie venait de partir pour Feudi, accompagnée d'un peloton de spahis.

Deux jours plus tard, la colonne Bichemin arrivait à Djenan, ramenant avec elle 8 blessés, et nous pûmes avoir sur l'affaire les détails que nous attendions impatiemment :

L'escorte avait accompagné le convoi jusqu'à Igli, où il était arrivé le 22 juillet. Sa marche avait été très pénible, en raison de la chaleur qui fut accablante.

Le 24, elle remonta vers le nord, ramenant avec elle 3.900 chameaux. C'est au cours de cette marche de retour qu'elle fut attaquée presque à l'improviste, à El-Moungar, par un parti d'environ 800 Doui-Menia, dans les conditions suivantes :

Le 29, arrivé à Zafrani sans incident, le commandant de l'escorte avait envoyé en avant des cavaliers reconnaître, dans la vallée de la Zousfana, s'il existait des redirs auprès desquels on aurait pu camper le lendemain. Ils rentrèrent le soir, en rendant compte qu'il y avait très peu d'eau. Cette circonstance et, d'autre part, l'insuffisance des puits d'El-Morra, Hassi-el-Mir et Ksar-el-Azoudj, déterminèrent le commandant Bichemin à faire précéder la colonne, jusqu'à Fendi, par la compagnie montée, un peloton de spahis et quelques goumiers, de façon à répartir le nombre des rationnaires.

Le 30, la colonne partit donc à 3 h. 30 du matin, dans l'ordre suivant : un peloton de spahis, la compagnie montée, le petit convoi de ce détachement, puis le gros de la colonne, c'est-à-dire un peloton de spahis éclairant la marche, le bataillon de tirailleurs encadrant le convoi, une arrière-garde de cavalerie.

La nuit était très noire. A 4 h. 30, à l'aube, la colonne s'arrêta pour permettre au convoi de serrer.

On apercevait à ce moment la compagnie montée à 1.000 mètres environ en avant.

Tout à coup un sokrar, parti pendant la nuit, revint en courant prévenir que des Marocains se trouvaient aux redirs. Les dispositions de défense furent prises aussitôt : déjà on entendait les premiers coups de feu. L'avant-garde des spahis s'était heurtée à une patrouille enne-mie ; elle essaya de reconnaître l'adversaire ; mais, reçue par une vive fusillade, elle fut obligée de se retirer au-près d'une section de la compagnie montée qui voulait protéger la retraite de son convoi.

Trois à quatre cents cavaliers se dirigeaient vers les faces du carré, formé par la compagnie montée ; ils fai-saient la prière en marchant, s'excitaient entre eux et in-juriaient nos spahis qui rentraient dans les lignes.

Le feu fut ouvert sur eux et les arrêta un moment ; mais, à un signal donné par un de leurs chefs, l'attaque recommença avec plus de vigueur.

Les cavaliers, arrivés à 200 mètres, poussèrent le cri de « fantasia », firent feu et partirent à la charge.

Quatre d'entre eux furent tués dans l'intérieur du carré; la plupart firent demi-tour sous nos balles, le gros pre-nant la direction du convoi, tandis qu'un groupe d'une cinquantaine environ se jetait sur la 4ᵉ section, qui se rendait à l'appel du commandant de la compagnie, l'en-veloppait, et, après lui avoir tué et blessé plusieurs hom-mes et mulets, disparaissait dans l'Erg.

Le groupe qui s'était dirigé vers le convoi attaqua une des faces du carré ; il avait à sa tête un caïd en burnous rouge.

Ils se lancèrent à la charge en tirant des coups de feu; mais, leur chef ayant été tué, ils tourbillonnèrent un mo-ment, tournèrent à droite et s'enfuirent dans la montagne.

Pendant toute l'action, des piétons marchaient derrière les chevaux et tiraillaient.

A 5 heures, tout était terminé et le convoi reprit sa marche. Quelques cavaliers ennemis apparurent encore en arrière ; ils furent accueillis par des coups de feu qui les arrêtèrent.

A 5 h. 30, on aperçut également au loin, en avant, deux groupes de cavaliers, sur lesquels on dirigea quelques feux de salve ; ils disparurent sans pouvoir être rejoints par les spahis envoyés à leur poursuite.

Les pertes de la colonne consistaient en : 10 hommes (dont 2 sokrars) tués, 8 hommes blessés, 26 chameaux et 13 mulets tués ou enlevés.

L'ennemi, qui était commandé par trois caïds, perdit près de 200 hommes et un grand nombre de chevaux.

La colonne ne fut plus inquiétée les jours suivants : elle fut rejointe à Fendi par la 2ᵉ compagnie et le peloton de spahis envoyés à sa rencontre.

Le combat d'El-Moungar m'oblige à entrer dans quelques considérations politiques pour lesquelles je ne puis mieux faire que citer le texte du capitaine Tillion, dans son ouvrage : *La Conquête des oasis sahariennes :*

« Après l'affaire d'El-Moungar, des représentations furent faites à la cour chérifienne par notre agent diplomatique de Tanger ; celui-ci demanda d'une façon catégorique le châtiment de la tribu des Doui-Ménia, à laquelle était attribuée l'attaque de notre colonne. Aux observations présentées par notre ministre, le sultan fit répondre que notre action nous ayant amenés au milieu de cette tribu, il nous était loisible de nous arranger avec elle. Cette appréciation équivalait à l'abandon de la souveraineté du Maroc à l'égard de ces populations. En présence de cette attitude, le gouverneur général fit part au général commandant le 19ᵉ corps de la nouvelle ligne de conduite à tenir dans la direction des opérations. Il fallait, selon lui, réprimer en premier lieu les Doui-Ménia pour leur attaque d'El-Moungar, et chercher ensuite à les amener à nous par la persuasion.

» Mais le général Grisot ne partageait pas cette opinion, et il s'en ouvrit aussitôt au ministre de la guerre, en faisant ressortir à ses yeux la nécessité d'une démonstration militaire avant toute espèce de négociation, de façon à ne pas nous laisser considérer comme atteints de pusillanimité. Il exposa de la façon suivante notre situation dans le Sud oranais :

» L'occupation des nouvelles régions ayant été faite pacifiquement, conformément aux ordres du gouvernement, notre attitude avait été interprétée par les tribus environnantes comme de la faiblesse, et elles en avaient profité pour attaquer et piller nos convois, sans jamais être punies. Le résultat, c'est que nous étions sur un perpétuel qui-vive, et il fallait se décider à prendre un parti :

» 1° *Ou bien nous replier.* — C'était alors l'attaque de tous les postes que nous occupions, le massacre des gens qui s'étaient donnés à nous, bref la perte totale de notre influence dans le Sud.

» 2° *Ou bien rester dans le « statu quo ».* — Il fallait alors maintenir dans la région des forces considérables, ce qui amenait des difficultés énormes pour le ravitaillement et occasionnait des dépenses excessives, sans faire obtenir aucun résultat ;

» 3° *Ou, enfin, agir.* — C'est cette solution que le général préconisa comme la plus facile, la plus prompte et la plus économique. Il proposa de marcher contre les Doui-Ménia en deux colonnes, l'une remontant l'oued Guir, l'autre partant d'El-Morra, toutes deux se réunissant à Baharial où se trouvaient les champs et les silos de la tribu. Pendant ce temps, une troisième colonne devait se porter de Fendi sur l'oued Talaza, où il y avait également des terres de culture.

» Les trois colonnes se réuniraient sur l'oued Talaza : deux d'entre elles prendraient pour objectif Aïn-Chaïr, tandis que la troisième remplirait le rôle de colonne de ravitaillement. On reviendrait par Figuig, auquel il fallait donner une leçon, puisqu'il offrait asile à tous les maraudeurs qui pillaient nos convois ; on ne s'y installerait pas, mais on se contenterait d'abattre quelques palmiers et quelques constructions.

» L'exécution des opérations exigerait :

» Six bataillons d'infanterie ;

» Cinq ou six escadrons de cavalerie ;

» Trois sections d'artillerie ;

» Un goum ;

» Les services.

» Mais, en raison du prélèvement fait sur les troupes d'Algérie pour l'expédition de Chine qui venait de commencer, il était nécessaire d'avoir recours à celles de Tunisie (un bataillon d'Afrique et un de tirailleurs).

» Cette solution, affirmait le général Grisot, devait amener la paix et la tranquillité pour dix ans dans toute cette région. Il ajoutait, en outre, que le succès de nos armes faciliterait considérablement notre action politique.

» Soumis au conseil des ministres, le plan d'opérations du général Grisot subit de profondes modifications, et finalement le gouvernement s'arrêta aux résolutions suivantes :

» Il déclara que des représailles, exercées à Aïn-Chaïr et Figuig. plusieurs mois après l'accomplissement des faits reprochés aux habitants, ne pouvaient être considérées comme l'exercice normal du droit de suite à nous concédé par le traité de 1845, et qu'à aucun prix la question du Maroc ne saurait être ouverte par suite d'un incident survenu à la frontière algérienne. Il préférait employer une partie des ressources qu'absorberait l'expédition à la continuation du chemin de fer sur Igli. On constituerait à cet effet une mission d'études, accompagnée d'une escorte suffisamment forte pour faire, dans le pays des Doui-Ménia, des exemples indispensables, et assurer la rentrée définitive de ces tribus sous notre influence, ce à quoi le gouvernement marocain paraissait résigné :

» Le programme des opérations se résumait ainsi :

» 1° Notification expresse au gouvernement chérifien de notre résolution, en cas de nouvelles attaques, à exercer, sur simple avis, le droit de suite prévu au traité de 1845, en allant infliger aux pillards, sur leur propre territoire, le châtiment qu'ils auraient encouru :

» 2° Relève normale et, au besoin, renforcement des postes de la ligne Duveyrier à Igli ;

» 3° Prolongement de la voie ferrée sur Igli ;

» 4° Formation d'une mission d'études pour en fixer le tracé, soit par l'oued Bou-Dib, soit par la Zousfana ;

» 5° Constitution d'une escorte militaire imposante chargée d'accompagner la mission et d'assurer, en outre, à Béchar, Kénadsa et Bahariat, la rentrée des Doui-Ménia sous notre influence.

» Ce programme tracé, il s'agissait maintenant d'adresser des propositions pour en assurer l'exécution. Le général commandant le corps d'armée décida, tout d'abord, que la relève des postes d'Igli et de Taghit serait assurée par le 3° bataillon du 2° tirailleurs, deux compagnies du 1ᵉʳ bataillon d'Afrique, un demi-escadron de spahis et une section de montagne.

» Il estima ensuite que l'escorte de la mission d'études, comprenant deux bataillons d'infanterie à 700 hommes, deux escadrons de 100 chevaux, une section d'artillerie de 50 hommes, devait partir de Djenan-ed-Dar avec vingt jours de vivres, traverser le djebel Béchar, gagner Kenadsa, et se rabattre sur Igli par l'oued Guir. Pour la soutenir, la ravitailler et garder ses communications, il jugeait nécessaire d'avoir une deuxième colonne de la même force.

» Quant au prolongement du chemin de fer, il conseilla l'emploi de la vallée de l'oued Bou-Dib au lieu de celle de la Zousfana, en raison de la fermeté du sol et de sa richesse en eau. »

Le poste de la voie ferrée.

Pendant tous ces pourparlers et ces échanges de vues, j'étais de nouveau à Duveyrier, où ma compagnie était rentrée aussitôt après l'affaire d'El-Moungar. C'est à cette époque que se place une des périodes les plus intéressantes et les plus agitées de mon premier séjour dans le Sud.

La voie ferrée en construction entre Djenien et Duveyrier s'avançait rapidement vers ce dernier poste, et les ouvriers des ponts et chaussées, isolés dans cette région voisine de Figuig, commençaient à souffrir des incursions et des entreprises marocaines.

Il fut décidé d'installer à demeure dans leur camp, pour le protéger, une section d'infanterie prise dans la garnison de Duveyrier, section commandée par un officier et qui serait relevée tous les dix jours.

Etait-ce l'attrait des armes et des munitions à voler, plus précieuses pour les Figuiguiens que les outils et les animaux des travailleurs ? Il est permis de le croire, car les attaques de nuit, qui étaient en somme peu fréquentes auparavant dans ce malheureux poste que personne ne gardait, devinrent tout à coup répétées et journalières dès qu'un détachement y fut appelé ; si bien qu'il ne se passait pas de nuit sans qu'il y eût quelque alerte et sans qu'on tirât par là quelques coups de fusil.

J'y fus envoyé avec ma section au deuxième tour, et je

crois qu'il est difficile de rêver une période plus mouvementée que ne le fut celle-là.

Le campement se trouvait à environ 7 kilomètres de Duveyrier. Il comprenait une trentaine de gourbis réunis en un groupe compact et abritant à peu près 200 travailleurs français, espagnols, marocains, avec femmes et enfants. Malheureusement, l'emplacement où séjournait cette tribu hétéroclite avait été choisi par l'administration des ponts et chaussées, qui, soucieuse avant tout d'installer son personnel à proximité du chantier, s'était complètement désintéressée de la question sécurité.

Le camp, formant une sorte d'éllipse d'environ 100 mètres de long sur 60 de large, était dressé en plaine, à 50 mètres de la voie ferrée, dans une région coupée de petites dunes et de broussailles où la vue ne pouvait s'étendre au loin ; je fus donc obligé, dès l'arrivée, de continuer ce qu'avait commencé mon prédécesseur, c'est-à-dire de faire abattre les dunes et couper des buissons, de sorte que chacune de mes sentinelles pût avoir en avant d'elle un espace découvert d'une vingtaine de mètres.

On dressa les tentes à dix pas de la ligne des gourbis, face à la direction de Figuig, qui me paraissait la plus dangereuse et parallèlement au grand côté de l'ellipse, de façon à profiter, pour la défense, d'une petite arête rocheuse de $0^m,50$ de hauteur qui courait sur tout le front à 2 mètres plus loin.

Au delà de cette arête, le terrain descendait en pente douce jusqu'à la voie ferrée, dont le talus élevé, percé en face du poste d'un étroit ponceau pour l'écoulement des eaux de pluie, nous cachait en avant une partie de la plaine. Enfin, à 400 mètres plus loin, l'oued Dennel, généralement à sec, montrait son lit sinueux tapissé de sable et de cailloux (1). Sur la face opposée du campement, vers

____

(1) Le chemin de Djenien à Duveyrier, encore à l'état de piste, le longeait de très près sur une grande partie de son cours.

le sud, c'était encore la plaine, coupée et broussailleuse pendant plusieurs kilomètres, jusqu'aux pentes grises et dénudées du djebel Kerdacha.

Entre les tentes de mes hommes et les huttes des travailleurs, un petit gourbi en roseaux blancs, dressé à l'avance, m'était destiné ; c'est là que je fis installer, en arrivant, mon peu volumineux bagage. Elle était bien minuscule et bien abritée, ma fragile demeure, et je devais la croire hors de toute atteinte ; cependant sa couleur trop claire faillit m'être fatale. En effet, j'étais, une nuit, tranquillement étendu sur mon lit de camp, complètement vêtu comme d'habitude et éveillé, attendant les premiers indices de l'alerte quotidienne, quand deux coups de feu retentirent, tirés à quelques pas, en même temps que j'entendais tout près de ma tête le sifflement des balles. C'étaient tout simplement deux Marocains qui avaient réussi à franchir, en rempant et sans éveiller leur attention, le cordon des sentinelles, et qui, apercevant cet abri dont l'isolement et la fraîcheur leur semblaient dignes d'un grand chef, avaient tiré dessus à bout portant et s'étaient ensuite enfuis à toutes jambes, essuyant sans être atteints le feu croisé des factionnaires.

Le lendemain, je retrouvai une des balles qui avait traversé presque complètement le poteau central soutenant mon gourbi. Elle était en plomb et ronde, quoique un peu déformée, comme toutes les balles fabriquées par les Marocains.

La première nuit fut calme : pas un coup de feu ne vint troubler le silence. Cependant, quelques indices caractéristiques me montrèrent qu'il y avait lieu de se tenir sur ses gardes et que l'ennemi veillait. Connaissant la perspicacité des tirailleurs et leur puissance d'observation et de déduction pour les faits même les plus simples en apparence, j'avais donné l'ordre aux sentinelles de venir me rendre compte, après chaque relève, du résultat de leur faction. Or, au milieu de la nuit, deux d'entre elles vinrent me dire :

« Mon lieutenant, je n'ai rien vu, mais j'ai reçu des cailloux. »

J'avoue qu'en bon « roumi » j'accueillis tout d'abord par un franc éclat de rire ce compte rendu auquel j'étais loin de m'attendre ; mais mes deux lascars n'en voulaient pas démordre : « On m'a lancé des cailloux » ; et ils avaient l'air si convaincus de ce qu'ils avançaient et si surpris en même temps de ma joyeuse incrédulité, que je commençai peu à peu à perdre de mon assurance et à prendre la chose au sérieux. Je fis appeler le sergent et quelques-uns de mes hommes que je connaissais comme débrouillards et habitués de longue date à toutes les ruses de la vie nomade, et une sorte de petit conseil de guerre eut lieu, à la suite duquel j'étais édifié sur l'histoire des cailloux et sur nombre d'autres roueries et stratagèmes employés par les coureurs du désert.

Des cailloux avaient bel et bien été lancés sur mes deux sentinelles et voici comment :

Les Marocains qui, de loin, pendant le jour, surveillaient en permanence le campement, avaient dû s'apercevoir de la relève du poste. Or, une relève amène toujours un changement dans le dispositif de sûreté et particulièrement dans l'emplacement des sentinelles. Ces emplacements, ils avaient besoin de les connaître pour leurs attaques de nuit, et, sans doute, quelques-uns d'entre eux avaient été désignés pour les repérer exactement. Comment opèrent-ils dans ce cas ? C'est ce que mes hommes m'expliquèrent.

Arrivé à proximité du poste, le rôdeur de nuit se déshabille complètement, comptant sur la teinte sombre de son corps pour circuler plus sûrement dans les ténèbres ; il s'avance en rampant sans bruit, patient et tenace, l'œil aux aguets, mettant s'il le faut un quart d'heure pour parcourir 10 mètres, et s'arrêtant de temps à autre pour lancer un caillou en avant de lui. Si rien ne bouge, c'est qu'il n'y a pas de sentinelle par là, et il continue d'avancer lentement, invisible. Mais il arrive un moment où le caillou tombe à proximité d'une sentinelle ; alors celle-ci, qui était restée jusque-là immobile, tapie derrière son abri, instinctivement se redresse, tourne la tête, fait un pas en avant. Ce simple mouvement, ce rien a suffi au rôdeur qui, de ses yeux de lynx, l'a discerné dans les ténèbres ; la sentinelle est là, la place est repérée, et il s'éloigne lentement, invulnérable, ou bien poursuit plus loin son audacieuse reconnaissance.

C'était à de pareils artistes que mes hommes avaient eu affaire, et ils devaient être plusieurs à opérer, car, à la relève suivante, d'autres sentinelles encore me signalèrent qu'elles avaient reçu des cailloux.

Ainsi, par cette nuit calme, dans l'obscurité qui nous entourait, dans les buissons, dans les dunes, des ennemis insaisissables circulaient pendant que nous discutions.

Méthodiques et implacables, ils nous enserraient de leurs mailles invisibles, détaillant nos moyens de défense, cherchant le point faible où ils lanceraient leur attaque, et nous restions impuissants, cloués au sol, dans l'impossibilité absolue de les poursuivre et de les traquer au milieu des ténèbres !

Au lever du jour, les travailleurs se dispersèrent le long de la voie ferrée, et la sécurité revint complète, car, comme les chacals et les hyènes, les bandits marocains ne rôdaient que la nuit. Mon premier soin fut de régler ainsi qu'il suit le service : pendant le jour, repos absolu sous la tente pour tout le monde, la section entière devant rester sous les armes pendant la nuit. Comme ces longues veillées consécutives devaient être très fatigantes et qu'il était urgent de maintenir les hommes éveillés, je décidai que les deux rations de café journalières seraient

consommées uniquement la nuit : une première à 10 heu·
res et la deuxième vers 1 heure du matin. Dès la veille,
le système de surveillance avait été réparti ainsi : le gros
de la section, sur la face la plus dangereuse, à l'abri de
la ligne de rochers mentionnée plus haut et détachant
trois sentinelles simples à quelques pas en avant, sur
toute la longueur du camp ; deux postes de 8 hommes sur
la face arrière, détachant chacun une sentinelle. Le campement était donc enserré entre trois postes couverts eux-
mêmes par un cordon de cinq sentinelles.

La deuxième nuit fut marquée par une attaque, assez
vigoureuse au début, sur la face principale ; les Marocains avaient dû se glisser un à un sous le ponceau de la
voie ferrée, et montaient en ligne mince la pente conduisant au poste. Ils furent heureusement aperçus à temps :
accueillis par une fusillade nourrie et jugeant l'expédition
manquée, ils rebroussèrent chemin immédiatement et disparurent. Mais l'un d'eux avait été atteint sans doute, car
nous entendîmes un cri étouffé, et mes hommes retrouvè-
rent, le lendemain, une mare de sang au pied du talus.

Plusieurs fois, par la suite, des traces sanglantes devaient nous révéler que les coups avaient porté ; mais
jamais on ne trouva autre chose, les musulmans ayant
l'habitude d'emporter, chaque fois qu'ils le peuvent, les
corps de leurs camarades morts ou blessés.

Chacune des nuits suivantes vit recommencer la lutte,
quelquefois bénigne et se bornant à quelques coups de
fusil, mais le plus souvent acharnée et angoissante. Toujours repoussés, mais nullement découragés, ils revenaient inlassables et toujours plus audacieux, tantôt sur
une face et tantôt sur l'autre, nus ou recouverts de peaux
de ci   re, avec quelquefois le corps enduit de graisse de
hyène pour effrayer les nombreux chiens du campement
dont les aboiements furieux avaient, certains jours, révélé
leur approche. Et, plus émotionnante encore que l'atta-

que elle-même, c'était che.. ois cette attente anxieuse dans le calme de la nuit, où chaque mouvement, chaque brui', chaque craquement d'herbe, le glissement d'un rat ou d'un reptile dans les fourrés captivaient l'attention, où je me demandais toujours avec angoisse de quel côté serait la surprise, et si j'entendrais d'abord le claquement du lebel, éventant et dénonçant l'attaque, ou bien la détonation sourde m'annonçant la mort d'une sentinelle !

Souvent, le flair extraordinaire des tirailleurs me fut un précieux auxiliaire, et, une nuit notamment, je fus prévenu par eux longtemps à l'avance. Ce jour-là, il avait plu à la suite d'un orage, et l'oued Dermel qui, comme je l'ai dit plus haut, était généralement à sec, coulait à pleins bords à travers la plaine. Vers 11 heures du soir, je venais d'entendre le compte rendu des sentinelles, quand un caporal s'approcha de moi :

« Ti entends, mon lieutenant, le chacail là-bas ? »

Depuis un moment, en effet, j'entendais au loin, dans la plaine, le cri intermittent d'un chacal, mais je n'y avais prêté jusque-là aucune attention.

Le caporal continuait :

« Chacail y souit les Marocains qui vient ici. »

J'avoue que je commençais à ne plus m'étonner de rien et que tout me paraissait maintenant vraisemblable dans ce pays aux perpétuelles surprises. D'ailleurs, j'eus l'occasion plusieurs fois, par la suite, de vérifier cette particularité que les chacals ont un cri spécial lorsqu'ils suivent des êtres humains dans la nuit, que l'on ne peut confondre avec leur cri ordinaire lorsqu'ils sont simplement en chasse. Les Arabes ne s'y trompent pas et reconnaissent souvent, à cet indice, les voleurs rôdant autour des douars.

Au bout d'un moment, le chacal se tut ; c'était, de nouveau, le grand silence ; et mon caporal de conclure, toujours très calme :

« Marocains y traversé le rivière ; chacail resté l'autre
côté. Dans dix minutes y en a le coup de fusil. »

Et mon brave turco ne s'était pas trompé ; au bout d'un
quart d'heure à peine, la fusillade commençait.

Je ne puis passer sous silence, dans ce récit fidèle et
complet, une petite aventure peu banale dont le personnage principal fut un certain contremaître espagnol employé aux travaux de la voie.

Le contremaître en question était marié et occupait,
avec sa femme, un des gourbis du campement. Le jour de
mon arrivée, je l'avais rencontré par hasard et il avait
éprouvé le besoin de me faire cette petite déclaration :

« Mon lieutanant, vous verrez que le séjour n'est pas gai
ici ; nous sommes attaqués toutes les nuits et nous n'avons
pas une minute de tranquillité ; mais, en tout cas, nous
aussi nous ferons notre devoir ; nous sommes plusieurs
qui avons des fusils et, quand le moment sera venu, vous
nous verrez à votre côté. »

Naturellement, je l'avais vivement félicité de ses belles
dispositions, en ajoutant que je comptais sur lui et sur
ses camarades.

Inutile de dire que je ne le vis jamais ; mais, bien plus,
il fit preuve, un soir, d'une couardise comme on en voit
peu d'exemples.

Cette nuit-là, les Marocains attaquaient en force des
deux côtés à la fois. C'était, sur chaque face du camp,
une fusillade ininterrompue, et j'étais assez inquiet sur
l'issue de l'affaire. Tout à coup je vis sortir du campement une femme à moitié vêtue, hurlante, affolée. C'était
la femme de mon contremaître. A demi morte de peur,
elle avait quitté son gourbi et s'en allait, Dieu sait où !
la tête folle, les cheveux au vent, courant comme une insensée au-devant du danger. Les balles devaient lui sif-
fler aux oreilles, mais elle n'entendait rien, ivre d'épouvante et gesticulant comme une apparition dans la nuit.

D'un revers de main, un tirailleur, sans quitter son abri, l'avait repoussée en arrière, et je la vis entrer dans mon gourbi où elle disparut.

Dix minutes après, tout était terminé ; les Marocains étaient partis, et je ne pensais déjà plus à cette histoire, lorsqu'en rentrant chez moi j'aperçus la malheureuse femme accroupie par terre, dissimulée derrière la table en bois blanc qui me servait de bureau et tremblant de tous ses membres.

Encore sous le coup de la secousse nerveuse qui l'avait abattue, elle pouvait à peine me répondre, et je dus la reconduire chez elle avec l'aide de mon ordonnance.

Vous pensez peut-être que mon contremaître, le beau parleur, s'était dérangé ? Pas le moins du monde ! Plus poltron qu'amoureux de sa femme, et sans se soucier des dangers qu'elle pouvait courir, il était resté chez lui, parfaitement en sécurité, et terré comme un lapin dans son gîte. Inutile de dire que je ne fus pas très tendre vis-à-vis de lui et qu'il fut traité comme il le méritait.

J'ai dit plus haut que la piste de Duveyrier à Djenien longeait l'oued Dermel à peu de distance, de sorte que je voyais très bien, du camp, les petits convois ou détachements se rendant de l'un à l'autre de ces postes. Tous les deux jours, c'était un convoi de malades évacués de Djenan-ed-Dar et Duveyrier et transportés en cacolets ou en litières jusqu'à la gare de Djenien. J'allais au-devant de lui chaque fois, pour voir s'il ne s'y trouverait pas quelque soldat ou gradé de ma compagnie, et je fus douloureusement surpris, un jour, en apercevant sur un cacolet le commandant Dutartre.

Atteint de la dysenterie, il avait dû quitter Djenan-ed-Dar et remontait à Tlemcen où se trouvait sa famille. Épuisé et abattu par la terrible maladie, il avait grand besoin de repos, et cependant il paraissait navré d'abandonner son bataillon, à un moment surtout où l'on parlait, en haut lieu, de nous faire escorter de nouveau un convoi.

Cette idée d'un départ prochain était d'ailleurs envisagée par tous avec assez d'inquiétude, car l'état sanitaire devenait de plus en plus alarmant. Après les grosses fatigues des routes précédentes et avec la température atroce qui persistait, les fièvres et les épidémies étendaient leurs ravages, fauchant les hommes et les cadres. Déjà, il ne restait plus dans les compagnies que les soldats et gradés indigènes, les autres ayant été évacués sur les hôpitaux du Tell ou bien dormant pour toujours dans le petit cimetière du poste.

Après le commandant Dutartre, et le suivant de quelques jours à peine, le capitaine adjudant-major partit également, atteint de la typhoïde ; et bientôt ce fut le tour des lieutenants M... et R..., puis du capitaine B..., de sorte que le bataillon restait constitué à 7 officiers sur les 14 qui avaient quitté Tlemcen.

Cependant l'audace des Marocains allait augmentant chaque jour. Sachant toute poursuite et toute offensive impossibles de ma part, ils en venaient même à nous narguer ouvertement. J'en vis un soir, un peu avant la chute du jour, toute une petite troupe descendre tranquillement les pentes du Kerdacha et se diriger vers le poste pour leur attaque de nuit. Que faire ? Ils étaient à plusieurs kilomètres. Il me fallut me résigner à attendre !

J'étais également certain qu'ils venaient s'approvisionner à notre puits, situé à mi-chemin environ entre la voie ferrée et l'oued.

Une nuit, après avoir repoussé une attaque, nous aperçûmes, aux environs du puits, plusieurs petits points rouges scintillant par intermittences, accompagnés de flambées d'allumettes. Mes gaillards fumaient tranquillement leur cigarette, en remplissant les guerbas, avant de regagner leur repaire. Ouvrir le feu eût été une dépense de munitions inutile et je ne pouvais songer à les poursuivre.

Comme à Duveyrier, j'avais bien imaginé de leur tendre des embuscades sur les directions d'attaque qu'ils suivaient le plus souvent, en avant du ponceau du chemin de fer, au puits, etc. ; mais je n'en obtenais jamais de résultats sérieux, soit qu'ils réussissent à les éventer, soit — ce qui était le plus probable — qu'ils eussent des relations et un système de correspondance quelconque avec les nombreux ouvriers marocains employés à la voie ferrée. Une ou deux fois, cependant, ces embuscades avaient réussi, sinon à leur faire du mal, du moins à contrarier et arrêter leur attaque ; mais ce semblant de succès était insuffisant et loin de ce que j'en attendais. J'aurais voulu une surprise complète, se traduisant par des pertes évidentes, par des hommes laissés sur place morts ou blessés, et je recommandais sans cesse à mes tirailleurs d'être patients et calmes, de laisser leurs adversaires s'approcher le plus possible pour ne tirer qu'à bon escient et sûrs de leur coup.

Un jour, exaspéré par un nouvel échec, je décidai de me placer moi-même en embuscade. On me dira peut-être, et avec raison, que ce n'était pas là la place d'un commandant de poste ; mais j'étais tellement surexcité par tous ces essais infructueux que je passai outre aux conseils de la raison. D'ailleurs je laissais au poste un sergent sur lequel je pouvais compter absolument en toute circonstance.

Comme les deux dernières attaques avaient été tentées sur la face arrière, il était probable qu'ils viendraient cette fois par le nord, dans la direction de l'oued. J'attendis jusqu'à 9 heures, pour éviter que mon projet ne pût être divulgué, et je me glissai alors avec 6 hommes par le ponceau de la voie ferrée devant lequel nous nous couchâmes en demi-cercle, l'arme chargée et dissimulés derrière quelques broussailles. Le talus du chemin de fer nous abritait complètement des coups qui pouvaient être tirés du poste.

J'avais pris le fusil de mon ordonnance, et j'avais recommandé à mes hommes de ne pas tirer avant moi, quoi qu'il arrivât.

Deux ou trois heures, je ne sais pas au juste, se passèrent ainsi : heures d'attente longues et déprimantes, où un rien vous fait tressaillir d'une secousse nerveuse, où l'on sent, à chaque bruit suspect, les battements du cœur se précipiter et vous marteler la poitrine avec une violence inouïe.

Tout à coup, à une cinquantaine de mètres en avant de moi, une forme blanche apparut, imperceptible d'abord et comme fondue dans l'obscurité environnante. Lentement, sans qu'aucun bruit décelât sa présence, elle avançait vers nous, à ras de terre, et s'arrêtait parfois, complètement dissimulée derrière les touffes et les dunes. Bientôt d'autres formes blanches se montrèrent, suivant la première et, comme elle, rampant silencieusement, pareilles à des ombres.

L'attaque se préparait ; mais, comptant sur le talus du chemin de fer pour les dérober à la vue du poste, les Marocains n'avaient pas encore dépouillé leurs burnous.

Haletant, et retenant de mon mieux ma respiration qui me semblait, malgré mes efforts, sortir comme d'un soufflet de forge, je fixais dans l'obscurité l'éclaireur fantôme. Confiant dans l'éloignement du poste, il avançait toujours d'une marche sûre et lente, glissant comme une couleuvre, et il était à peine à six pas de moi quand je fis feu.

Malheureusement, dans l'ombre épaisse qui nous entourait, je ne voyais pas mon arme ; j'avais tiré au hasard et ma balle avait frappé dans le vide. Déjà le Marocain s'enfuyait, essuyant avec autant de chance la décharge de mes hommes, et toute sa bande l'imitait après nous avoir salués d'une salve dont les balles sifflèrent à 2 mètres au moins au-dessus de nos têtes.

Décidément, le coup était manqué, et il n'y avait pas plus de dommages d'un côté que de l'autre. Je rentrai au poste furieux et bien décidé, cette fois, à ne plus jamais tenter l'aventure.

Les Marocains, sans doute, avaient renoncé eux aussi à leur manière de faire habituelle, car ils essayèrent, le lendemain, d'un nouveau stratagème. Comprenant qu'une attaque, aussi fougueuse fût-elle, avait peu de chance de réussir s'il ne s'y mêlait une diversion quelconque, ils employèrent une combinaison qui aurait pu nous mettre en mauvaise posture sans la vigilance d'un des ouvriers de la voie. Deux des leurs avaient réussi, avec une patience incroyable, à se glisser en rampant entre deux sentinelles distantes de 40 mètres à peine et à pénétrer dans le campement, où ils se dirigèrent, sans hésiter, sur le parc des mulets. Ils avaient l'intention, vraisemblablement, de détacher les animaux, les effrayer d'une façon quelconque et les lancer à travers le camp. A la faveur de la confusion et du désordre qui en seraient résultés, la bande entière, tapie aux environs, aurait tenté l'enlèvement du poste.

Heureusement, le gardien de nuit du parc veillait ; apercevant tout à coup, au milieu des animaux, deux ombres suspectes, il donna l'alarme, et les Marocains, se voyant découverts, n'eurent que le temps de s'enfuir, bondissant comme des démons et disparaissant dans les ténèbres, au nez des sentinelles abasourdies.

Ce fut leur dernière tentative avec moi, car le lendemain j'étais relevé par une section de la 4ᵉ compagnie, et j'avoue que je n'en étais pas fâché. Pendant dix nuits, ni mes hommes ni moi n'avions fermé l'œil, et je n'avais pas eu suffisamment de satisfactions dans mes entreprises pour compenser un tel excès de fatigue.

Mon départ marqua presque aussitôt, et pour un certain temps, la fin des hostilités, car la lune commençait à paraître, et c'était, avec elle, le calme absolu, les Marocains n'opérant jamais que par les nuits très noires.

Je regagnai avec plaisir ce bon poste de Duveyrier où je retrouvais enfin des camarades après mes dix jours d'isolement, sans compter les bonnes soirées chez M. Guillaume et les « cahouas » maures de mon ami Ben Aouda.

VIII

DEUXIÈME CONVOI

Chameaux et chameliers.

J'étais rentré à Duveyrier pour quelques jours seulement, car il nous fallut reprendre bientôt la direction du Sud. Les postes d'Igli et de Taghit n'ayant d'approvisionnements en vivres que jusqu'aux premiers jours d'octobre, il était de toute nécessité de constituer un nouveau convoi. Mais on modifia le système de transport, afin de diminuer le nombre des chameaux porteurs. On devait rassembler les animaux par petits groupes à Duveyrier, et de là, une fois chargés, les acheminer jusqu'à Taghit, où l'équipage de transport d'Igli viendrait chercher les vivres.

De Taghit, les chameaux reviendraient à vide et seraient rendus à leurs propriétaires, invités à les maintenir, s'il était nécessaire, aux environs de Duveyrier et de Djenien.

Le convoi, transportant un approvisionnement de vivres calculé jusqu'au 5 novembre, nous arriva de Djenien par petits groupes le 15 septembre, et l'on partit le lendemain de bonne heure pour aller camper à Djenan-ed-Dar.

L'escorte comprenait : mon bataillon tout entier, une compagnie du bataillon d'Afrique, 25 goumiers, un demi-escadron de spahis et un détachement du train, sous le commandement du capitaine Deffressine. Nous emmenions avec nous 4.400 chameaux.

Depuis notre retour d'Igli, c'est-à-dire depuis près de trois mois, j'avais perdu un peu la notion et l'habitude de ces troupeaux immenses et je me trouvais presque aussi ahuri qu'au premier jour devant ce spectacle extraordinaire qu'offrent les grands convois. A vrai dire, le chameau est un animal bien curieux qu'on ne se lasse pas d'observer et d'étudier. Qu'on le prenne isolé ou en groupe, il captive également l'attention par ses manières et ses façons d'agir toutes spéciales qui en font un être à part, bien différent des autres animaux de la création.

Le matin surtout, à l'heure du chargement, le tableau est unique : la bande, très unie et très compacte, est amenée près des bagages. Les chameliers seuls doivent se mêler de l'opération ; ils font coucher chaque dromadaire l'un après l'autre, souvent à grand'peine ; ils se pendent à son cou, lui appliquent des coups de pied dans les jambes et l'apaisent au moyen d'un sifflement particulier qu'ils produisent en faisant vibrer la langue sur les dents serrées : Kriiih !"

Le chameau geint, proteste, s'agenouille à moitié, se redresse ; il a l'air de dire : « Eh bien ! non, décidément, non ! » On le poursuit, on le rattrape ; dès qu'il est accroupi, ses gémissements redoublent ; il pousse de véritables sanglots, tord son long cou, ouvre une gueule immense et ne cesse ses lamentations qu'en se relevant la charge au dos.

Il n'y a pas sous le soleil une créature plus dolente, plus ennuyée, plus dégoûtée d'être au monde. Sa voix est une modulation perpétuelle sur la gamme du désespoir, tour à tour languissante et molle comme un bêlement, aiguë et déchirante comme un cri de douleur, ou grotesque comme le bruit d'un formidable gargarisme.

Quelle peine secrète porte au cœur ce déshérité ? Hélas !
il n'a que trop sujet de maudire le destin.

D'abord le chameau, de son naturel, est la paresse et
l'apathie incarnées. C'est dans l'ordre. Qu'a-t-il besoin de
courir et de se démener, quand une poignée d'herbe lui
suffit, à condition que ce soit une herbe dure, épineuse
et amère ? Une gorgée d'eau de loin en loin, l'espace ouvert à perte de vue, la flânerie béate du ruminant, que
lui faut-il de plus ? C'est un contemplateur.

Aussi, remarquez bien qu'il ne s'est nullement donné à
l'homme ; tout au plus s'est-il laissé prendre. L'énergie
n'est pas son beau côté, il est de ces gens qui se plaignent
toujours, gens faciles à hâter. Quelle sympathie peut
éveiller ce corps difforme ? Aussi ne connaît-il de la ser-
vitude que les fardeaux et les coups. Je m'explique très
bien son insurmontable mélancolie et son existence composée d'un long bâillement.

Ses qualités font ses malheurs. Sa force toute passive
ne comporte aucune résistance ; il est sans armes contre
l'ennemi ; il ne peut même pas empêcher l'homme de le
charger, de le mener partout, lui qui resterait si bien où
il est. Sa sobriété proverbiale, son insouciance de l'eau,
son pied sûr et moelleux, sont autant de vertus qui le pré-
destinaient à l'esclavage. Il marche du lever au coucher
du soleil, et le long du chemin, sans s'arrêter, abaissant
son col bizarre, allongeant sa lèvre pendante, il pâture
quelques ronces. Le soir, il rumine. Je ne sais s'il dort
quelque part particulièrement : il a l'air de dormir partout.

Cherchez une joie, une jouissance, une ombre de pas-
sion satisfaite ou à satisfaire dans tout cela. La nature a
de grandes injustices. Elle a dit au chameau : « Tu seras
indolent et tu travailleras ; tu seras fort et ta force sera
pour un autre ; tu porteras de l'eau en réserve dans un de
tes estomacs, et, si la caravane a soif, on t'ouvrira le ven-

tre ; tu seras exempt d'infirmités, afin que ton labeur soit sans trêve ; tu auras des maîtres, tu n'auras pas d'amis. » Et le chameau, qui sent peut-être tout cela, ne peut s'en consoler.

Son trépas ordinaire ressemble beaucoup à un suicide ; rien ne le fait pressentir. Il part sain et dispos, se couche tout à coup, refuse de se relever, de manger et meurt. Les chameliers n'ont qu'à attendre un court instant : ce n'est pas long. Alors, lestement, ils ôtent la charge du défunt, le dépouillent de sa peau qu'ils posent toute fumante avec le reste sur le dos de ses compagnons. Les corbeaux et les chacals achèvent la besogne. Les vétérinaires ignorent quelle est cette maladie étrange. Moi, je crois tout simplement que le chameau meurt de chagrin, d'ennui, de consomption, d'un mal moral qu'il a beuglé et bramé toute sa vie, et qui, enfin, lui pèse trop. Il le secoue, s'en débarrasse par quelque contraction intérieure, et se repose enfin.

Les sokrars, eux non plus, n'ont pas une destinée à faire envie. Pauvres hères infatigables, ils sont à la race humaine ce que le dromadaire est aux bêtes, serviteurs tempérants, marcheurs intrépides, grands amis du repos et toujours en mouvement. Ils sont les hommes du désert par excellence ; le Sahara pour eux n'a point de secrets ; ils en connaissent les présages, les pièges, les repaires. Ils savent où gîte le lièvre, où pâture la gazelle, où se cache l'eau bienheureuse.

Ils portent une simple tunique, sorte de clamyde serrée à la taille, et des chaussures de leur fabrication ; ils tiennent à la main un long bâton.

Forcés de régler leur marche sur le pas des chameaux ballants et nonchalants, ils vont en arrière du troupeau, courant, s'arrêtant, lançant des pierres, poussant des cris, ralliant les traînards et les égarés, rafistolant les bagages qui penchent.

C'est un métier insensé, mais ils doivent y trouver du charme. Leurs grands ennemis, ce sont les spahis des affaires indigènes, peu commodes, armés de gourdins rarement inactifs. Quelque diligence que déploient les malheureux, les coups pleuvent sur leurs épaules comme giboulées d'avril; le spahi silencieux n'a pas d'autre moyen de persuasion ou d'encouragement, et n'ouvre jamais la bouche sans corroborer ses paroles d'un moulinet significatif. Le sokrar interpellé se cambre pour recevoir dans sa tunique une partie de l'averse destinée à ses omoplates. Si les chameaux sont rétifs, le spahis a un moyen infaillible de les calmer : il tape sur les chameliers.

Jamais de plaintes ni de murmures ; il faut voir cela pour imaginer une bonne discipline.

L'El-Morra à Zafrani.

Jusqu'à El-Morra, la route s'accomplit sans incidents ; la chaleur, quoique très forte encore, était cependant supportable, et nous avions trouvé à chaque étape de l'eau en quantité suffisante. Ce jour-là, j'étais de garde au pâturage avec mon peloton, et, comme toujours, en présence de l'étendue considérable du terrain couvert par le troupeau, je m'étais résigné à occuper un point central, comptant sur ma bonne étoile pour m'éviter toute surprise désagréable.

J'avais passé une grande partie de la soirée à l'ombre d'un superbe bétoum, du haut duquel un de mes hommes observait l'horizon, et je m'apprêtais à regagner le camp avec la tombée de la nuit, quand plusieurs coups de feu éclatèrent, tirés à quelques kilomètres au nord, dans la direction du djebel Béchar. A ce moment, presque tous les groupes se rabattaient sur le convoi, dont on apercevait les fumées montant au loin au-dessus de l'horizon, et le bruit de la fusillade mit quelque peu de désordre dans cette foule grouillante. Pressés et bousculés, les chameaux allongèrent plus vite leurs jambes nonchalantes, pendant que les sokrars, à coups de bâton et de cailloux, les excitaient, tournant à l'entour, affairés et hurlants, comme des chiens de berger.

Vivement mes hommes avaient sauté aux faisceaux, et nous filions déjà à toute allure vers les massifs bleuâtres du Béchar. La fusillade avait cessé complètement, et c'est cela surtout qui m'inquiétait : j'avais peur d'arriver trop tard, et je craignais d'apprendre, à chaque instant, que les Marocains avaient déjà gagné la montagne, entraînant avec eux les groupes enlevés ; et toujours des sokrars avec leurs chameaux passaient, inquiets et précipitant leur marche, dans leur ignorance complète de ce qui s'était passé.

Nous marchions depuis un quart d'heure, quand, tout à coup, j'aperçus dans un nuage de poussière deux cavaliers indigènes, deux goumiers, accourant de toute la vitesse de leurs chevaux. En apercevant ma troupe, ils s'arrêtèrent, et l'un d'eux me donna en arabe les renseignements que j'attendais avec impatience. Ils étaient partis au nombre d'une douzaine pour faire une reconnaissance autour du pâturage, quand, en arrivant vers les premiers contreforts du Béchar, ils avient aperçu un djich d'Oulad-Djérir en embuscade et surveillant de près quelques groupes de chameaux qui, confiants, s'approchaient lentement de leur côté. Surpris par cette arrivée importune, les Marocains s'étaient enfuis dans les ravins de la montagne, mais les goumiers avaient eu le temps d'en abattre deux à coups de fusil.

Comme toujours, en pareil cas, ils leur avaient coupé les oreilles, que mes deux cavaliers, envoyés pour rendre compte, portaient au capitaine Deffressine en témoignage de leur bonne foi, et mon interlocuteur, tout en parlant, me tendait du bout des doigts un paquet de loques informes et sanguinolentes, quatre oreilles, fraîchement coupées, noires, hideuses !

« Chouf had el oudenine (vois ces oreilles). »

Et il souriait, content de lui, de toutes ses dents aiguës et blanches, dans sa figure basanée.

Sans toucher à ce répugnant trophée, j'expédiai les deux cavaliers au camp, et je fis demi-tour à leur suite, très satisfait en somme de la tournure qu'avait pris l'affaire.

J'arrivai juste à temps pour assister à l'agonie d'un malheureux sokrar, piqué au pâturage par une vipère à cornes.

Il était à plusieurs kilomètres de là lorsque la chose était arrivée : il cherchait du bois mort dans un buisson de lenstiques, quand l'animal, dérangé sans doute, l'avait mordu au bras. Ses camarades lui avaient de suite incisé profondément la plaie, et s'étaient empressés de le ramener au camp, mais ils avaient mis près d'une heure pour arriver, et maintenant il était trop tard. Malgré l'injection de sérum que le docteur lui avait administrée, le mal n'était pas enrayé. Le bras, puis l'épaule enflaient très rapidement ; le visage du malheureux, devenu d'une teinte terreuse, était baigné de sueur et un tremblement convulsif agitait tous ses membres.

Ce ne fut pas long ; une heure plus tard, il mourait dans d'atroces souffrances, déjà verdâtre et presque décomposé.

Le surlendemain, nous traversions l'endroit où l'on s'était battu à El-Moungar et où quantités de vestiges subsistaient encore. L'emplacement surtout où la compagnie montée avait formé le carré témoignait d'une lutte féroce, acharnée. De nombreux cadavres, calcinés par le soleil ou à moitié dévorés par les chacals et les vautours, jonchaient le sol dans un rayon de plusieurs centaines de mètres ; et ce détail caractéristique montrait suffisamment que la leçon infligée aux Doui-Ménia avait été sérieuse, puisqu'ils n'étaient pas revenus chercher leurs morts.

On en trouvait partout, dans toutes les postures. Certains, épargnés par la dent des carnassiers, s'étaient complètement desséchés au soleil, et l'un d'eux surtout, dont on ne voyait plus que le tronc complètement nu, montrait sa peau collée aux os, mince et parcheminée comme celle d'un tambour. Il suffit de le toucher pour que tout s'écroulât en un paquet de cendres. La tête, ainsi que les bras et les jambes, avaient disparu.

Çà et là, des mulets, des chevaux morts découpaient sur le sol de larges taches noirâtres, et c'était enfin une profusion de débris et de matériel de toute sorte, boîtes de conserves oubliées là, harnachements déchiquetés, avec quantité d'armes marocaines, depuis le long coutelas à la lame aiguë et tranchante jusqu'au lourd fusil à pierre rouillé et vermoulu.

Parmi ces armes, il s'en trouvait cependant quelques-unes d'une réelle valeur, et nous nous gardâmes bien de les laisser plus longtemps abandonnées. Ceux qui avaient la bonne fortune de se trouver en tête du convoi purent faire leur choix après un rapide examen, et c'est ainsi que je me trouvai possesseur d'un couteau-poignard de belle envergure, dont la lame, joliment ouvragée, était enfermée dans un épais fourreau de cuir, et de deux vieux pistolets à pierre.

Ces deux pistolets, dont la valeur comme arme de guerre était évidemment contestable, me parurent et me semblent encore très précieux, comme antiquités d'abord, ensuite en raison des ciselures très fines et des inscrustations d'argent qui les décorent.

Mais, parmi les objets ainsi trouvés, le plus remarquable échut à un capitaine ; il consistait en une poire à poudre d'argent massif, merveilleusement ciselée, dont l'origine, établie par des inscriptions en bon français, remontait au règne de Louis XIV. Comment ce précieux bibelot, qui avait appartenu sans doute à quelque riche seigneur de la cour du grand roi, était-il venu s'échouer chez ces tribus sauvages, en plein désert ? Avait-il été pris ou perdu lors de la colonne de Vimpfen en 1870 ? Ou bien plutôt provenait-il des dépouilles amassées par les anciens pirates barbaresques ? Mystère.

Cependant, la marche continuait dans cette morne plaine d'El-Moungar, bordée au sud par la ligne jaune de l'Erg qui apparaissait à quelques kilomètres. De temps à autre je faisais quelque crochet, attiré par les vestiges qui, de plus en plus rares, parsemaient les sables ; mais je restais étonné surtout de la solitude et du profond silence qui régnaient dans cette région, ou, moins d'un mois auparavant, c'étaient les bruits, les éclats de la fusillade, mêlés aux clameurs des combattants et aux cris des blessés ! Je me représentais difficilement l'agitation et les rumeurs d'un champ de bataille dans ce pays désert, sans mouvement et sans vie, et, n'eût-ce été les débris et les nombreux cadavres qui jonchaient le sol, j'aurais pu douter et croire à un vilain rêve.

Je ne pensais pas alors que cette même région si vide et si désolée devait être, trois ans après, le théâtre d'un nouveau combat, qui serait cette fois une surprise et un désastre complet pour nos armes (1).

Deux heures plus tard, la colonne arrivait à Zafrani, au bord de l'Erg. Là, en raison de l'abondance du tilma, notre troupeau de moutons, qui n'avait pas bu depuis Hassi-el-Mir, allait se rattraper de cette longue abstinence. Vers le soir, quand les distributions d'eau eurent été faites pour tout le convoi, on dirigea le troupeau vers le puits, où les abreuvoirs portatifs en bois avaient été disposés, prêts à

---

(1) Combat d'El-Moungar, en 1903, où un peloton de la compagnie montée du 2ᵉ étranger fut surpris et en partie massacré par une bande de Bérabers.

être remplis. Il faisait, ce jour-là, une chaleur torride, rendue plus intense encore par la proximité de l'Erg dont les dunes, chauffées à blanc, exhalaient sans relâche une haleine dévorante, et les malheureuses bêtes, épuisées de soif et de fatigue, se traînaient misérablement, insensibles aux excitations et aux coups des bergers.

Mais soudain, à 100 mètres du puits, toute la bande se réveilla, comme secouée d'une décharge électrique. Le nez au vent, les moutons aspiraient violemment, sentant le tilma, dont les émanations humides arrivaient jusqu'à eux. Alors, malgré les efforts et les cris des bergers, ce fut une ruée en masse, une galopade effrénée vers le puits, dont la gueule béante s'ouvrait à ras de terre comme l'entrée d'un formidable entonnoir. Le premier, lancé à fond de train, sauta intrépidement et disparut dans le noir, et, comme le mouton de Panurge est immortel, les autres sans hésitation suivirent, sautant par quatre, par dix à la fois, en une cascade ininterrompue qui finit peu à peu par emplir le puits d'une masse grouillante et bêlante, sur laquelle les suivants piétinèrent bientôt avec rage, flairant au fond les derniers relents d'humidité.

Quand on put enfin se rendre maître du troupeau affolé, et vider le puits bourré jusqu'à l'orifice, quarante-huit moutons s'alignaient sur le sable, noyés ou étouffés, au grand désespoir de l'officier d'administration chargé du convoi.

Taghit. — Les aveugles.

Le lendemain, nous arrivions à Taghit, toujours fièrement perché sur son col, entre les dunes et les escarpements du Hamada. Mais les temps étaient bien changés ! Plus de menaces de mort, plus de fusils chargés à la crête des murs ; la djemaa, au contraire, venant au grand complet au-devant de nous, et portant, au lieu d'un ultimatum, le rameau d'olivier de la paix ! Des présents suivaient, chargés sur des ânes, consistant en lait de chèvre, dattes et fruits, et le chef de la djemaa, souple et onctueux, les offrit au commandant de la colonne, en lui baisant l'étrier en signe de soumission pleine et entière.

Cet heureux changement dans l'attitude des Beni-Goumi était dû à l'occupation de leur village par les deux compagnies du commandant Brundsaux. Arrivé le 26 juin à Taghit pour y établir un poste, le commandant avait parfaitement compris qu'il était nécessaire avant tout de frapper l'imagination des habitants et de leur imposer le respect, sinon le dévouement, par un coup de force exemplaire.

Après avoir terrorisé la djemaa par une déclaration catégorique, rendue plus énergique encore par son organe et son aspect de colosse hirsute, il avait délimité l'emplacement du poste à côté du ksar ; puis, pour permettre l'accès et une surveillance plus faciles de ce dernier, il avait donné l'ordre d'y établir immédiatement deux rues transversales se coupant à angle droit, une place d'armes au centre et un chemin de ronde autour. Résultat : la moitié du village par terre.

Cette façon, vraiment originale, de payer sa bienvenue lui avait valu de la part des habitants un profond respect et une soumission absolue, et, depuis lors, tout allait pour le mieux dans cet ancien repaire de brigands subitement transformé en cité pacifique et hospitalière.

Le poste, lorsque nous y arrivâmes, commençait à sortir de terre, dressant son mur d'enceinte et ses baraques au-dessus de l'immense plaine de Zaouia-Foukania, qu'il domine d'une cinquantaine de mètres. Malheureusement, il est étouffé entre les hautes masses de la dune et du Hamada, qui le commandent au sud et au nord, et qui le mirent en fâcheuse posture quatre ans plus tard, pendant le siège de trois jours qu'il eut à soutenir contre une harka de Berabers. On a remédié en partie à ce désavantage en construisant un blockhaus sur la pointe du Hamada, et on essaya également, mais sans succès, d'installer un petit ouvrage au sommet de la dune.

Une autre défectuosité du poste réside dans l'éloignement des puits qui sont creusés au pied du col, à 150 mètres environ du mur d'enceinte. On fut obligé de construire un chemin couvert pour s'y rendre, et ce travail considérable rendit d'ailleurs de grands services à l'époque du siège mentionné plus haut.

Une chose qui me frappa dans la visite du ksar, c'est la quantité de borgnes et d'aveugles qui y fourmillent. Cette particularité est-elle due, comme certains le prétendent, à l'incessante réverbération de la dune qui, toute la journée, flamboie à quelques pas d'eux ? Peut-être ; mais, en tout cas, vus de près, ils n'ont pas l'air bien terribles ces fameux guerriers qui, quelques mois plus tôt, avaient arrêté sous leurs murs la colonne Bertrand ! C'est le pays des aveugles. L'ophtalmie y sévit sans relâche et s'acharne surtout contre les enfants ; il n'y en a pas un sur dix qui n'ait les yeux horriblement malades ; ils portent simplement un bandeau malpropre, et vont à tâtons, montrant jusque dans leurs jeux un visage étiolé et contracté par la douleur. On en voit de tout petits, cruellement abandonnés au fléau, qui exposent au soleil leurs conjonctives saignantes et enflammées, au milieu des mouches et de la poussière impure.

Des vieillards, qui n'ont pas 40 ans, passent appuyés sur l'épaule de leur fils, la démarche incertaine, la tête haute, fixant sur le ciel leurs prunelles sans regards, avec cette expression de mélancolie navrante particulière aux aveugles. Des hommes qui seraient beaux sont défigurés par d'affreuses taies. Les femmes sont encore plus frappées ; je n'en ai pas vu quatre qui fussent exemptes de maux d'yeux et ne montrassent une figure tristement chassieuse.

Cependant, ces pauvres gens ne sont pas rebelles à la médecine et aux soins. Ils nous savent très supérieurs sur ce point et ne doutent pas que nous n'ayons remède à tout. Toute la journée il vient au poste des malheureux dévorés par la fièvre, les yeux à demi perdus, implorant quelque drogue, quelque secret qui pût les soulager. Ils ont grande foi dans notre science : « Les Français, disent-ils, sont de grands toubib. »

Le médecin leur distribue tout ce qu'il possède d'eau blanche, en leur recommandant par-dessus le marché la propreté et les lotions d'eau fraîche. Mais ensuite !...

L'orage.

Il nous arriva, pendant le retour, un incident extraordinaire et tout à fait inattendu dans ces régions desséchées ; un orage effrayant, qui nous atteignit pendant l'étape d'Hassi-el-Mir à Ksar-el-Azoudj. Nous venions de quitter le camp et nous suivions la Zousfana, comme toujours sans eau, sans lit, sans rivages, et marquée seulement de loin en loin par quelques couches de sable plus fin et quelques broussailles éplorées.

A ce moment, l'oued n'existait pas et cependant, une heure plus tard, il allait nous apparaître sous son grand aspect torrentueux, avec des colères inconnues ! Il suffira pour cela d'un orage, mais quel orage ! Dire un déluge serait encore faible. En moins d'une demi-heure, la moitié du ciel est devenue d'un noir d'encre. La foudre éclate en vingt endroits à la fois ; la pluie siffle comme des balles, se précipite en cataractes et retentit sur le sol durci qui ruisselle, écume, bouillonne. Des grêlons monstrueux fouettent l'air avec fureur, tondent les buissons et arrachent aux hommes et aux chevaux des cris de douleur. De petits torrents grossissants gagnent de tous côtés le fond du bassin, où commence à se former une artère imposante.

C'est à ce moment que nous franchissons la rivière avec de l'eau déjà jusqu'à mi-jambes. Notre troupeau de moutons est heureusement très réduit, car il leur est impossible de passer et nous sommes obligés de les faire arrimer deux à deux sur les chameaux. Enfin, tout le convoi a atteint la rive opposée, et il est grandement temps. Bientôt, en effet, nous voyons apparaître au loin une immense bande jaunâtre qui tient toute la largeur de la vallée ; elle s'avance lente et terrible ! On dirait un vaste rouleau qui se dévide, un prodigieux mascaret. Des branchages, des arbres entiers, des débris de toute sorte sont entraînés par le flot comme des fétus de paille.

Si l'orage était arrivé la nuit au camp d'Hassi-el-Mir, voisin de l'oued, nous étions perdus !

Mouillés comme des tritons, fangeux, grelottants, dans une confusion indescriptible, nous assistons à l'invasion du fleuve qui s'empare majestueusement de son domaine.

Mais bientôt le cataclysme s'apaise, la pluie cesse et le ciel s'éclaircit. Il ne s'est pas écoulé une heure, et le pays entier, à nos pieds, disparaît sous une nappe mugissante et limoneuse, plus large que nos grands fleuves de France. Il est tombé assez d'eau, il en coule assez là pendant une nuit pour fertiliser une province ; le lendemain, l'oued sera à sec.

Ce fut le seul incident de la route. Quelques jours plus tard, nous arrivions à Djenan, où avait lieu la dislocation. La 1re compagnie était envoyée à Duveyrier et les trois autres, avec l'état-major, restaient à Djenan-ed-Dar pour former la garnison du poste.

IX

DJENAN-ED-DAR

Figuig. — Bou Ahmama.

De tous les postes du Sud, Djenan-ed-Dar est sans contredit le plus misérable et le plus triste. De la redoute, construite en maçonnerie, le regard s'étend au sud, à l'est et à l'ouest sur la plaine immense, sablonneuse, stérile. Rien où puisse se reposer la vue, si ce n'est les quelques palmiers de Djenan-el-Hariss et Djenan-ed-Thorf, apparaissant au loin, dans la direction de Fendi, comme deux taches sombres sur l'infini des sables. Au nord seulement, la noire dentelure des montagnes de Figuig rétrécit l'horizon et anime le paysage ; mais toute cette partie de la région, la plus gaie et la plus attirante, était justement la seule dont nous ne puissions profiter, en raison des instructions très précises qui en interdisaient l'approche.

Sur la face sud du poste, trois maisons, hâtivement construites par des cantiniers espagnols, formaient un embryon de village et constituaient, avec la minuscule palmeraie qui s'étale à 100 mètres de la face est, le plus clair de nos distractions.

De nombreux vestiges d'aqueducs souterrains, visibles encore çà et là, indiquent que Djenan fut l'emplacement d'un ksar ; mais les sables ont obstrué les canaux, et l'on ne saurait dire si cette obstruction fut la cause déterminante ou seulement une conséquence de l'exode des habitants. Pendant les luttes incessantes entre les sédentaires et les nomades, ces derniers prenaient généralement comme objectifs les ksours alimentés par les sources situées hors des murs, puis s'efforçaient d'ensabler les aqueducs et de détourner les ruisseaux.

Ils amenaient ainsi à composition leurs adversaires tout à fait privés d'eau, ou réduits à la seule ressource de quelques puits, insuffisants pour l'arrosage des jardins. dins.

Souvent, les ksouriens, après plusieurs mauvaises aventures de ce genre, délaissaient leurs demeures pour construire un nouveau village dans une région plus propice..

Quoi qu'il en soit, Djenan-ed-Dar était alors un séjour fort maussade et très éventé, autour duquel rôdaient sans cesse les bandits figuiguiens en quête de méchantes entreprises.

Le poste, à notre arrivée, ne renfermait encore que quelques baraques construites par le bataillon d'Afrique ; il nous fallut donc, comme toujours, nous occuper immédiatement des travaux d'installation. Comme les grosses chaleurs avaient disparu et qu'il ne fallait plus songer aux gourbis en branchages, chacun se mit en mesure d'édifier des constructions en maçonnerie, capables d'abriter, autant que possible, des vents et de la pluie pendant la saison d'hiver. On traça pour les hommes de grandes baraques, garnies d'une rangée de créneaux en guise de fenêtres, et les officiers se firent installer de petites cases derrière leur compagnie. Cases bien modestes et qui n'avaient pas grand aspect avec leurs charpentes basses, plus ou moins difformes, recouvertes de drinn et d'une couche de terre ! Elles ressemblaient davantage à des poulaillers qu'à des logements d'êtres humains ; mais, telles quelles, nous nous en contentions fort bien, et ces taudis minuscules nous semblaient aussi précieux que de confortables palais, après nos longs séjours sous la tente ou dans les gourbis.

La grosse difficulté, ce fut l'établissement des portes et fenêtres dont chacun de nous voulait doter et embellir sa demeure. Nous ne disposions que de planches provenant des caisses à biscuits ; pas de carreaux ! pas de ferrures ! Mais, dans ces régions dénuées de tout, l'on devient forcément ingénieux ; avec des cercles de tonneaux on fabriqua des gonds et des loquets ; avec des verres de lanternes cassés, et incrustés dans la planche en quantité variable, on obtint des semblants de fenêtres assez commodes, sinon luxueuses.

Notre obsession perpétuelle et le sujet interminable de nos conversations et de nos convoitises pendant tout notre séjour à Djenan-ed-Dar, ce fut la mystérieuse Figuig, blottie comme un bijou rare dans son écrin de montagnes, au fond tapissé de palmiers.

Que de fois, pendant ces longs mois d'attente et d'ennui, sommes-nous montés sur la petite éminence au nord du poste, d'où l'on aperçoit le mieux son chapelet de collines finement découpées sur l'horizon, et le minaret blanc de Beni-Ounif, sa sentinelle avancée ! Mais les instructions du ministre des affaires étrangères étaient formelles : nul ne devait s'approcher de la cité perfide et sacrée.

Figuig, où jusqu'à cette époque nul Européen, sauf le voyageur allemand Rohlfs et quelques déserteurs, n'avait jamais pénétré, est une très grande oasis occupant, aux sources de la Zousfana, une dépression de forme irrégulière entre des hauteurs tourmentées. Sa longueur est d'environ 7 kilomètres et sa largeur moyenne de 2 à 3 ; mais, en aval de l'oasis proprement dite, des bouquets de palmiers demi ensablés et mal venus mouchettent, pendant plusieurs kilomètres encore, la vallée très élargie de la Zousfana.

L'histoire de Figuig est assez peu connue, mais quelques traditions assurent cependant qu'elle fut un centre de population considérable dès une époque très reculée.

« Au midi de Tlemcen, écrit Ibn-Khaldoun, se trouve

Figuig, ville entourée de nombreuses bourgades et possédant beaucoup de dattiers et d'eaux courantes. »

Plus loin, le même auteur ajoute :

« Figuig, située à plusieurs journées de marche de Tlemcen, se compose de plusieurs bourgades rapprochées les unes des autres et formant une grande ville dans laquelle affluent tous les produits de la civilisation nomade. Elle est considérée comme une des principales villes du désert et, grâce à son éloignement du Tell, jouit d'une entière indépendance. »

Les Turcs, maîtres du Mag'reb central, ne cherchèrent jamais à s'emparer de Figuig. En Afrique comme ailleurs, leur but fut bien plus l'exploitation du pays que sa conquête et son occupation effective ; aussi négligèrent-ils totalement certains points qu'ils jugeaient trop pauvres ou trop éloignés d'eux.

Les Marocains, au contraire, occupèrent Figuig à plusieurs reprises, avant la convention de Marnia (1845), qui consacra leurs droits sur l'oasis.

Vue de loin, par un beau jour, dans l'atmosphère du Sud, si pure, si légère, si fluide que l'air de nos pays semble une vapeur auprès d'elle, Figuig produit le plus saisissant aspect. Bien des fois j'ai passé devant l'oasis sans jamais me lasser de l'admirer.

Sept villages sont réunis là, dont la population totale ne dépasse probablement pas 10.000 habitants. Chacun d'eux est entouré de murs en terre, et une enceinte continue les réunit tous. Ils ressemblent à tous les autres ksours de la région, mais sont moins pauvres. Le plus important se nomme Zenaga, c'est celui qui eut le plus à souffrir, en 1903, lors du bombardement qui suivit et réprima l'injure faite au gouverneur général. C'est à cette époque que je le visitai pour la première fois, et cet ancien repaire des bandits figuiguiens m'apparut sous un triste aspect, au milieu des débris et des ruines accumulées par nos obus.

L'autorité marocaine est toujours restée très précaire à Figuig, et la plupart des habitants n'y voient qu'une sauvegarde leur assurant toutes les licences, sans leur imposer aucun devoir bien défini. En fait, l'état d'anarchie y est très fréquent, sinon habituel.

« Certains Figuiguiens, cultivateurs ou commerçants paisibles, dit le commandant de Pimodan dans son livre : *Oran, Tlemcen et Sud oranais*, désireraient vivre en bons termes avec les étrangers, tandis que nous trouvons au grand ksar de Zenaga une hostilité agissante et irréductible. Querelleurs, batailleurs, voleurs, les gens de Zenaga entretiennent les discordes et suscitent les luttes armées dans l'oasis. D'ordinaire, les zizanies commencent à propos de la possession ou de l'usage des sources. L'eau, étant l'origine de toute richesse, devient la cause de toute discorde. Ce sont des guerres bizarres, pleines de ruses et d'expédients, comme les longs sièges d'autrefois. Chacun creuse des galeries, fore des puits, pratique des tranchées, fait jouer des mines pour amener chez lui, au grand détriment des voisins, le précieux et fugitif élément. »

Figuig est l'agglomération la plus considérable de la région, le lieu vers lequel convergent toutes les routes du pays, le centre de ravitaillement et l'entrepôt habituel de tribus nombreuses. Ses écoles sont bien suivies. Son industrie, son commerce jouissent d'une relative importance. On y trouve des ouvriers habiles en des genres très divers : constructeurs, jardiniers, puisatiers, menuisiers, armuriers, brodeurs. Les femmes y tissent des burnous et des haïcks que les caravanes exportent par ballots vers l'Extrême-Sud ou que les Juifs figuiguiens vont vendre au Maroc et dans toute la région de Mecheria et d'Aïn-Sefra.

Mais, en dehors de toute question de commerce et d'industrie, Figuig prenait à nos yeux une importance considérable, surtout parce qu'elle offrait à tous les bandits et maraudeurs de la région un refuge et un abri inviolables, et qu'elle était le foyer sans cesse en activité de tous les mouvements et de toutes les intrigues dirigées contre nous.

Tout près de Figuig se trouvaient les tentes du célèbre Bou Ahmama, qui fut le chef de nos adversaires pendant l'insurrection de 1881, et qui mourut récemment, en 1907, laissant à son fils Si Tayeb une partie de son autorité et de son prestige.

Bou Ahmama est une figure si connue du monde algérien que je ne puis m'empêcher d'en donner cette biographie empruntée au livre du commandant de Pimodan :

« Né en territoire marocain, probablement à Figuig, vers 1838, Bou Ahmama se rattachait à la grande famille maraboutique des Oulad-Sidi-Cheikh ; mais ses parents étaient des gens obscurs, et nulle ascendance spéciale n'attirait sur lui l'attention. Son nom était Mohamed ben el Arbi. Le surnom de Bou Ahmama (le père au turban) lui fut donné plus tard, à cause de son gros turban de marabout.

» Durant sa jeunesse, Mohammed ben el Arbi pratiqua un ascétisme rigoureux et mena l'existence d'un « saint extravagant ». Certains jours, en proie au délire, il dépouillait ses vêtements, puis courait nu par la campagne sans discontinuer de prier. Loin d'être scandalisés, ses coreligionnaires, déjà convaincus de sa prédestination, pensaient que Dieu lui infligeait des épreuves pour purifier son âme et le rendre digne du grand rôle qu'il lui destinait.

» En 1875, Mohammed, déjà connu sous le nom de Bou Ahmama, vint s'établir à Mograr-Tahtani. Sa réputation de sainteté avait grandi et s'était propagée. On disait même que l'ange Gabriel (1) venait le visiter souvent et guidait sa conduite. De nombreux pèlerins affluaient vers sa demeure et lui apportaient des ziara (1) qu'il employait en largesses et en aumônes ; mais, suivant la légende, il donnait toujours plus qu'il n'avait reçu, car l'argent foisonnait entre ses mains. Il soulageait les malades par ses remèdes et Dieu les guérissait par l'intervention de ses prières.

» Au point de vue politique, Bou Ahmama ne jouait aucun rôle ; mais, dans un pays où les influences politiques et les influences religieuses se confondent, sa sainteté, son renom de thaumaturge le désignaient à tous comme le « maître de l'heure » futur, l'homme marqué pour accomplir les secrets desseins de Dieu.

» Après la guerre turco-russe, lorsque le contre-coup des événements d'Europe et d'Asie occidentale mit un grand trouble dans le monde musulman, c'est vers Bou Ahmama que tournèrent leurs regards les fanatiques du Sud oranais.

» Sans qu'il l'ait cherché ouvertement, peut-être même sans qu'il l'ait désiré tout d'abord, d'innombrables intrigues se nouèrent peu à peu autour de lui, et aboutirent enfin à la révolte de 1881. Il lui fallait marcher ou perdre tout prestige, presque toute influence. Il marcha, mais réprouva les cruautés inutiles, les massacres commis par ses partisans. Deux fois même, dit-on, il menaça de les quitter. C'était un entraîneur d'hommes, un prophète, un saint, plutôt qu'un guerrier.

» Pourtant, lorsqu'en avril 1882, repoussé de toutes parts avec ses derniers partisans, Bou Ahmama fut sur-

---

(1) L'ange Gabriel est plusieurs fois nommé dans le Coran. Les musulmans le tiennent en grande vénération et le regardent comme le messager habituel de Dieu.

(2) Offrandes, dîmes volontaires.

prisprès de Fendi, il se battit avec un courage extra-ordinaire.

» Nos soldats le virent longtemps à l'extrême arrière-garde, luttant comme un héros de légende pour couvrir la fuite des femmes, des enfants et des troupeaux. Les balles pleuvaient autour de lui, mais nulle ne put l'atteindre. Ce fait d'armes est resté très célèbre, et, depuis lors, beaucoup d'Arabes prétendent que le marabout tient de Dieu le don d'invulnérabilité.

» Bou Ahmama se retira ensuite à Figuig, puis, un peu plus tard, alla s'établir à Deldoul, au Gourara. Les circonstances le mirent alors en rapport avec l'explorateur Palat, et certaines gens supposent que ses intrigues ne furent pas étrangères au meurtre de notre infortuné compatriote ; d'autres, par contre, inclinent à croire que Palat ne reçut du marabout que de bons conseils et d'utiles renseignements. Quoi qu'il en soit, l'influence religieuse de Bou Ahmama restait intacte. Maintenant encore les naïfs Gourariens affirment qu'aux jours de disette il changeait le sable en couscous pour nourrir les malheureux.

» Plus tard, Bou Ahmama revint dresser ses tentes près de Figuig, et son entourage s'accrut d'une clientèle de malandrins et de dangereux vagabonds, pour lesquels sa protection est une puissante sauvegarde. Il ne se fait pas d'illusions sur leur compte et préférerait assurément des disciples plus honnêtes ; mais, comme tous les chefs populaires désireux de conserver leur influence, il est forcé d'accueillir, sans y regarder de près, tous ceux qui viennent à lui.

» D'après ceux qui connaissent Bou Ahmama, toute son apparence est celle d'un religieux ou d'un prophète de l'Ancien Testament. Ses traits font songer aux figures bibliques : sa barbe, longue et encore noire, tombe sur sa poitrine en boucles serrées, à la mode juive ; ses yeux extatiques semblent voir très proche le paradis lointain.

» Son accueil est affable pour tous, grands ou petits, riches ou pauvres. A tous il parle avec un semblable mélange de grandeur et d'humilité. Lorsqu'il écrit, même au plus humble, il place toujours son cachet au bas de ses lettres, ainsi qu'un inférieur a coutume de le faire dans sa correspondance avec un supérieur (1). »

Chaque vendredi, nous apercevions, du haut de la petite éminence qui domine le poste à quelques centaines de mètres, l'ancien agitateur quitter son campement et se rendre en nombreuse compagnie à la mosquée de Beni-Ounif, où il restait une partie de l'après-midi en prières. Il passait alors à moins de 2 kilomètres de la redoute ; aussi le capitaine Ducloux, des affaires indigènes, commandant l'annexe de Djenan-ed-Dar, essaya-t-il plusieurs fois d'en profiter pour lier conversation avec lui. Il espérait arriver ainsi à une entente de laquelle nous pourrions tirer certains avantages. Mais Bou Ahmama, tout en acceptant chaque fois les rendez-vous qui lui étaient demandés, se déroba toujours, par de polis subterfuges, aux efforts tentés pour l'amener à venir sur notre territoire rendre un hommage public à la France. Il disait, non sans raison d'ailleurs, que tous ses gestes étaient épiés par des ennemis ou des envieux, et qu'il serait « brûlé » parmi ses coreligionnaires le jour où il viendrait franchement à nous. Il laissait entendre cependant que son plus vif désir serait de voir sa situation à notre égard honorablement et définitivement « réglée ». En un mot il s'offrait, mais non au rabais, et il aurait voulu obtenir de

______

(1) Le cachet, pour les Arabes, remplace la signature. De supérieur à inférieur, le cachet se place en tête de la lettre, après la formule religieuse qui la commence. D'inférieur à supérieur, le cachet doit au contraire être apposé immédiatement après le dernier mot. En agir autrement, ce serait plus qu'une impolitesse, ce serait une insolence. (Général Daumas, *Mœurs et coutumes de l'Algérie*.)

nous, en échange de sa soumission, une situation nette doublée d'une grasse sinécure.

Son fils, Si Tayeb, vint un jour à Djenan-ed-Dar rendre visite au capitaine Ducloux, et je pus admirer en lui un des plus beaux types de la race arabe. A l'encontre de son père, il semblait ne pas dédaigner la pompe et le décorum, et, avec sa figure fine et intelligente, il avait vraiment fort grand air, dans son costume de gala, éclatant de broderies et de dorures. Il était accompagné, à cette occasion, d'une suite nombreuse, supérieurement équipée et harnachée, et toute cette brillante cavalcade offrait un singulier contraste avec les piteux équipages du goum dans le camp duquel elle était descendue.

Simple aperçu sur la façon de conquérir et de gouverner les races arabes.

Cependant, les bandits figuiguiens ne chômaient toujours pas. A Djenan-ed-Dar, comme à Duveyrier, ils venaient presque chaque nuit, nombreux, inlassables, et d'autant plus audacieux qu'ils se sentaient plus près de leur refuge naturel. C'étaient constamment les mêmes alertes de nuit, les mêmes prises d'armes énervantes et inutiles, dans notre impossibilité d'atteindre un ennemi que nous ne pouvions poursuivre.

Nous étions privés surtout de ne pouvoir jouir de la palmeraie en toute sécurité. Dès les premiers jours, nous y avions installé nos poulaillers et nos popotes, afin d'y prendre nos repas au grand air, à l'ombre des palmiers ; mais nous n'eûmes pas lieu de nous en féliciter. Un matin, les cuisiniers, en se rendant à leur travail habituel, trouvèrent notre installation dans un état lamentable : les poulaillers étaient vides, la plus grande partie de notre matériel de cuisine avait disparu, et les deux puits qui alimentaient le poste en eau fraîche étaient presque à sec, à moitié remplis de détritus et de matières plus ou moins malsaines.

C'était un véritable désastre ! Aussi, lorsque nous eûmes à grand'peine reconstitué notre matériel, fûmes-nous obligés de nous astreindre à un ensemble de précautions dont le résultat le plus clair fut de gâter complètement le reste de notre séjour. Finies les bonnes flâneries, le soir, sous l'ombre épaisse des palmiers ! Nous avions à peine achevé de dîner, que les cuisiniers en hâte ramassaient leurs ustensiles pour tout rentrer au poste, et nous étions obligés nous-mêmes, à notre grand regret, de réintégrer la redoute à la nuit tombante, dans la crainte des embûches et des surprises.

Plusieurs fois les maraudeurs essayèrent de pénétrer jusque dans la redoute en escaladant les murs, et ces tentatives audacieuses donnèrent au commandant du poste l'idée d'installer un système avertisseur dont il attendait merveilles.

A une dizaine de mètres en dehors et tout autour de l'enceinte, on établit, presque à ras du sol, un long fil de fer auquel des sonnettes de bonne dimension étaient fixées tous les 50 mètres. Il espérait par ce moyen que les sentinelles, prévenues à temps, pourraient surprendre et arrêter les rôdeurs nocturnes ; mais la désillusion fut prompte. Ces maudites sonnettes, que l'on arrivait difficilement à agiter en secouant le fil de fer avec la main, carillonnaient au contraire avec un ensemble remarquable au moindre souffle du vent, affolant les factionnaires et causant des alertes à chaque instant.

Il fallut renoncer à ce système, et on le remplaça peu à peu par un épais et solide réseau de fils de fer, qui fut long à établir, mais qui nous mit désormais à l'abri des incursions de ce genre.

Il me paraît presque inutile de dire que nous supportions fort mal ces attaques incessantes dans lesquelles nous étions voués à une défensive absolue, tirant par-dessus nos murs, et bouclés dans notre redoute comme des renards dans leur terrier. Notre rôle était décidément peu brillant et nous nous sentions de moins en moins d'enthousiasme pour cette façon de faire la guerre. Mais nous devions voir pis encore et avaler jusqu'à la lie notre calice d'amertume !

Les Figuiguiens ne s'avisèrent-ils pas, un jour, de demander aux autorités françaises la permission de faire la récolte des dattes dans l'oasis de Djenan-ed-Dar, qui était soi-disant leur propriété ? Le plus fort, c'est que, dans un but d'apaisement et de conciliation bien faits pour surprendre chez ceux qui connaissent le tempérament arabe, cette autorisation leur fut accordée. Nous pûmes voir ainsi, un beau matin, toute une caravane de Figuiguiens, parmi lesquels une majorité de gens de Zenaga, nos ennemis irréductibles, envahir la palmeraie avec leurs ânes et opérer la récolte le plus tranquillement du monde, sous les yeux ahuris de nos tirailleurs.

Dire l'indignation qui s'empara de nous à cette vue serait impossible ! Comment, tous ces gens, qui depuis si longtemps nous tenaient en alerte continuelle, étaient là, à 100 mètres de nous, nous narguant du haut des palmiers dont ils détachaient sans hâte les belles grappes brunes, et nous étions obligés d'assister à cela impuissants et ridicules, avec l'envie féroce qui nous tenaillait de les abattre à coups de fusil comme des singes ! Nos pauvres tirailleurs considéraient d'un air navré cet étrange spectacle, et je me demande ce qu'ils durent penser ce jour-là, dans leur simple jugeotte d'Arabes, sur notre façon de conquérir et d'amener à nous des gens qui n'ont de respect et de considération que pour la force et la violence ? Car, il faut bien le dire, nous n'avons réussi à conquérir l'Algérie que par la force ; la force seule nous y maintient encore ; et ce moyen, que nous-mêmes trouvons odieux, semble tout naturel aux Arabes et aux gens de même race. La force victorieuse leur paraît une manifestation de la volonté divine devant laquelle il n'y a qu'à s'incliner. A ce titre, ils subissent notre joug bien patiemment et se résignent à en accepter toutes les conséquences, jusqu'à en goûter les bienfaits, tant qu'un énergumène ne vient pas les entraîner à la révolte.

Notre supériorité militaire, la bravoure de nos soldats font plus sur leur âme que les plus sages institutions et la plus active bienveillance de l'Etat. Il y a dans ce sentiment autant de sympathie que de crainte ; bien plus même, car l'Arabe est courageux, c'est ce qu'on peut le moins lui contester. Mais il s'incline d'instinct devant la puissance agissante, martiale, brandissant une arme de guerre. Soldat lui aussi, et soldat par-dessus tout, la force est sa loi ; il n'en sent pas l'immoralité, et, toujours prêt à en pousser l'emploi aux dernières extrémités, il sait en subir les rigueurs. Il est de l'école chevaleresque où l'on admire un ennemi vaillant, où l'on porte avec résignation ses couleurs triomphales. La victoire, à ses yeux, légitime l'asservissement, et le vainqueur est généreux s'il ne traîne pas le vaincu en esclavage. Aussi nous regarde-t-il comme des conquérants très débonnaires, et, n'était sa haute opinion de ce que nous valons au combat, notre magnanimité nous ferait du tort dans son esprit.

L'Arabe, comme le Marocain, est un être fort singulier et qui entend certainement bien mal ses intérêts. Que ne gagnerait-il pas à avoir de bons villages, de bons terrains bien cultivés, de bons juges de paix, de bons gendarmes, au lieu de ses douars et de ses ksours empestés, dressés sur la terre inculte, où d'affreux satrapes le grugent et le bâtonnent ? A cela il pourrait nous répondre comme la femme de Sganarelle : « Et si je veux être battu ? » Il faut bien le prendre comme il est, si l'on veut l'améliorer plus tard.

Cela dépend beaucoup de nous, car il a par-dessus tout, comme je l'ai dit, le respect de la puissance, de celle qui parle aux yeux, s'impose, s'entoure d'un certain éclat ; et plus elle est lourde, plus il la vénère. Pour lui, le glaive de la loi n'est pas un emblème : c'est un grand sabre battant aux talons d'un officier ; la main de justice, c'est la main du châouch armée d'un fort gourdin. Voilà ce qu'il lui faut pour le moment. Il a une pieuse déférence pour nos uniformes, et distingue les grades comme pas un de nous : « Mon lieutenant » par-ci, « Mon capitaine » par-là, n'ayez peur qu'il s'y trompe. Le militaire lui représente l'élément noble de la France : il croit pouvoir lui obéir sans honte. Il est excessivement enfant sous ce rapport, comme sous tant d'autres ; les galons, les panaches, la cavalerie le plongent dans le ravissement ; on pourrait dire qu'il aime nos soldats tant il les admire.

Il faut bien reconnaître que la terreur a été assez nécessaire à notre établissement en Algérie, et qu'on ne doit le peu de bien qui a été obtenu qu'à un emploi effréné du despotisme et de l'arbitraire. Modeler la société arabe sur la société française est une œuvre qu'il faut remettre au temps et se bien garder de précipiter. Si nous sortons de la période autoritaire avant l'heure, nous risquons d'avoir tout à recommencer.

A plus forte raison devons-nous employer cette autorité et cette force quand nous avons l'intention d'amener à nous des gens de ce tempérament-là.

Chasses à la gazelle.

A côté de ces ennuis et de ces blessures d'amour-propre, nous avions cependant quelques sujets de distraction dont la chasse fournissait la plus grande partie. Les gazelles foisonnaient dans les environs de la redoute, sillonnant par troupeaux les quelques pâturages qui ça et là verdissaient la plaine, et la tentation était trop forte pour que nous puissions y résister.

A vrai dire, la chasse à la gazelle est assez délicate, et nous fûmes quelque temps avant d'obtenir des résultats sérieux.

Après avoir essayé plusieurs fois isolément, nous décidâmes un beau jour de tenter la chance en groupe. Nous partîmes à cinq ou six, à cheval, montés presque tous sur des chevaux de goumiers, et après avoir convenu que la petite troupe, à la sortie du poste, s'éparpillerait sur une longue ligne, à la façon dont se déploient les tirailleurs ; chaque cavalier devait se tenir à portée de la vue de ses camarades de droite et de gauche. D'après ce plan d'attaque, que nous trouvions fort judicieux, les gazelles qu'on surprendrait ne pourraient se dérober que par trois côtés. A gauche et à droite, elles passaient sous le feu de toute la ligne ; si elles s'élançaient en avant, les ailes, en se refermant rapidement, leur barraient le passage. Le carnage nous parut assuré.

Or, voici comment les choses se passèrent : nous n'avions pas fait 3 kilomètres lorsqu'un troupeau apparut à bonne distance. Le premier qui l'aperçut, oubliant tout, fondit dessus comme la foudre ; les autres partirent presque aussitôt et ce fut alors une chasse à courre fantastique, une galopade enragée dans laquelle, naturellement, nous devions avoir le désavantage. Au bout de cinq minutes, les gazelles avaient pris une telle avance qu'il devenait inutile de songer à les rattraper et que nous dûmes, bon gré mal gré, cesser la poursuite.

Il fallait employer une autre tactique, et c'est ce que nous fîmes. Nous avions remarqué. au bout d'un certain temps, qu'un troupeau d'une dizaine de têtes se tenait en permanence sur un pâturage bien restreint situé à environ 4 kilomètres au nord-ouest du poste, et que, dès qu'on s'approchait d'elle, la bande entière filait invariablement dans la direction d'un autre pâturage, vers l'oasis de Djenan-ed-Thorf.

L'indication était précieuse ; elle nous permit d'obtenir enfin un résultat appréciable. Nous décidâmes, dans une nouvelle tentative, de nous diviser en deux groupes, dont l'un marcherait franchement sur le premier pâturage et donnerait la chasse au troupeau, tandis que le second attendrait dissimulé à mi-chemin sur la route que devaient suivre les gazelles en fuite, et prendrait la chasse à son tour lorsqu'elles arriveraient à sa portée.

Toutes choses ainsi bien convenues, chacun partit sur le point qui lui était assigné. Le premier groupe, dont j'étais, se porta directement sur le pâturage, en essayant d'arriver le plus près possible sans éveiller l'attention du vieux mâle qui sert généralement de sentinelle au troupeau. Mais, malgré toutes nos précautions, nous étions encore à plus de 400 mètres, et nous venions à peine d'apercevoir les gracieux animaux occupés à brouter dans la daya, minuscule tache verte perdue au milieu des sables, que déjà l'alarme était donnée, et que toute la bande, après une minute d'indécision, filait comme une volée de flèches dans la direction de Djenan-ed-Thorf.

Derrière elle, nous étions partis à la charge, et alors une course vertigineuse commença, dans la poussière et dans les cris, au milieu de la grêle de cailloux, lancés par les sabots des chevaux, qui nous cinglaient la figure et les mains.

Devant nous, c'était une fuite éperdue dans un nuage de poussière, une ligne de petits derrières blancs bondissant étonnamment, et qui, malgré nos efforts et nos excitations, gagnait, gagnait toujours. Cette course fantastique durait depuis quelques minutes à peine que déjà le troupeau était à 1.000 mètres et que nos montures épuisées commençaient à faiblir.

Heureusement, comme nous allions nous arrêter, nous

vîmes tout à coup sortir d'un ravin un petit groupe de cavaliers qui, sans perdre un instant, prenaient la chasse à leur tour et filaient comme une trombe dans la direction de l'oasis. Deux ou trois minutes nous les suivîmes des yeux, et tout disparut, gazelles et chasseurs, derrière la masse sombre des palmiers qui apparaissaient à moins de 2 kilomètres.

Il y eut un moment d'attente anxieuse dans la fatigue et l'essoufflement de la course que nous venions de fournir ; puis, plusieurs détonations arrivèrent jusqu'à nous, assourdies par la distance. Enfin, une demi-heure plus tard, nos camarades nous rejoignaient, ramenant avec eux, en travers de la selle, deux petites chevrettes toutes jeunes qui s'étaient lassées plus vite que les autres dans cette envolée vertigineuse.

Restées peu à peu en arrière, elles avaient fini par ne plus avancer que très lentement, avec de petits sautillements désespérés, et les chasseurs, arrivés tout près d'elles, avaient eu le temps de mettre pied à terre et de les abattre à bonne distance, dans une dernière et quand même gracieuse cabriole.

En somme, la journée était bonne et nous avions lieu d'être satisfaits, d'autant que le système employé n'était pas des plus merveilleux, quoiqu'il eût réussi cette fois et qu'il dût réussir encore dans d'autres circonstances. Il avait fallu dans le troupeau la présence de jeunes gazelles, et nous n'eussions pas forcé ainsi des animaux adultes.

Ce n'est pas de cette façon que les Arabes, vrais chasseurs de gazelles, s'y prennent. Ils partent en petit nombre, souvent seuls, au pas, nonchalemment, le fusil en travers de la selle. Dès qu'ils voient les gazelles, ils exagèrent encore la lenteur et l'indifférence de leur démarche. La gazelle est un animal fort gentil, plutôt craintif que sauvage, sottement curieux. Quand il découvre quelque chose d'insolite, son premier mouvement est l'éveil, mais un éveil plein de réticences : avant de fuir, il veut voir. Vous marchez tranquillement sur la gazelle, elle s'éloigne de quelques bonds, puis se retourne et regarde. N'allez pas vite, conservez une contenance calme ; elle vous laissera approcher de plus près pour vous mieux examiner. Peu à peu elle prend confiance ; le troupeau, qui s'était d'abord resserré dans la vague appréhension d'un péril inconnu, se relâche de ses précautions, se sépare, se débande ; les boucs se remettent à brouter, les femelles s'attardent et se laissent gagner de plus près, considérant toujours cet animal singulier qui les accompagne ; les cabris folâtrent, s'accroupissent derrière les touffes et tout à coup s'élancent, les hanches en travers, en avant de l'impassible cavalier, comme de jeunes chats en gaîté.

Il arrive un moment où l'Arabe est au milieu de la bande ; il ne la suit plus, il marche avec elle de compagnie, en bon camarade ; il peut aller où il voudra, ses nouveaux amis ne le quittent plus. Les vieux mâles, plus prudents et plus sages, sont les derniers à s'approcher ; ils y viennent. Il ne manque plus au chasseur qu'une houlette pour ressembler à un paisible berger.

Alors il arme tranquillement son fusil, s'arrête, choisit dans le nombre, et manque rarement son coup. Les gazelles demeurent un instant pétrifiées. Avant qu'elles aient cédé à la panique, l'Arabe a eu le temps de changer son fusil ou de recharger le même ; aussitôt, son cheval, complice de sa feinte placidité, s'enflamme et part comme un trait sur la piste des fuyards. Le cavalier n'a à s'occuper que de sa chasse ; le cheval est assez fin limier pour se passer de guide. L'Arabe, ferme sur ses étriers, le corps rivé à la selle, les rênes dans le petit doigt, ajuste longuement, solidement, aussi calme qu'en embuscade ; il tire, le cheval s'arrête ; il saute à terre, se précipite sur la gazelle blessée, lui tranche la gorge, lui lie les pattes, l'accroche au dossier de sa selle et repart paisiblement.

Il faut évidemment pour cela un tempérament spécial avec cette pratique du cheval et de la chasse dans laquelle les Arabes n'ont pas de rivaux.

Il m'arriva un jour de manquer une gazelle dans des circonstances extraordinaires. Nous étions partis à deux ou trois, un matin de bonne heure, pour chasser le lièvre dans les environs de la Zousfana, à quelques kilomètres au sud de Djenan-ed-Dar. La rivière est bordée là, comme sur presque tout son cours, d'une infinité de petites dunes, couronnées de touffes de drinn, de retem et d'une quantité d'autres plantes plus ou moins rabougries. Toute cette région fourmille de lapins et de lièvres, et, après une battue fructueuse, nous revenions tranquillement vers le poste, suivis de notre escorte d'ordonnances armés de pied en cap.

Je m'étais attardé quelque peu, et je suivais mes camarades à quelques centaines de mètres, en compagnie de mon fidèle Kaddour, quand tout à coup, sur ma droite, j'aperçois une gazelle débouchant d'un ravin et marchant lentement, tout en broutant çà et là quelques touffes, dans la direction opposée à celle que nous suivions.

Sans dire un mot, Kaddour, qui l'a vue avant moi, me prend des mains mon fusil de chasse et me tend le sien avec une poignée de cartouches. Un genou à terre et palpitant d'émotion, je charge mon arme avec des précautions infinies pour ne pas effrayer le gentil quadrupède qui, sans se douter du danger, avance toujours lentement, à moins de 100 mètres de moi.

Je presse sur la détente. Malédiction ! Un raté !

Rapidement, je recharge mon arme, et j'ajuste de nouveau mon animal, toujours insouciant et tranquille. Deuxième raté ! Cette fois, je ne puis retenir une exclamation de colère. A ce bruit insolite, la gazelle, surprise, tourne la tête, elle a vu l'ennemi. D'un effort prodigieux, elle franchit le ravin d'où elle était sortie tout à l'heure et file comme un éclair dans la direction de l'oued. Ses jambes fines et nerveuses se détendent à chaque bond comme des tiges élastiques et semblent à peine toucher terre. Quant à moi, stupéfait et furieux, je suis des yeux sa fuite légère et gracieuse, et, quand l'idée me vient de charger mon arme à nouveau, elle est déjà loin, invulnérable et presque invisible dans l'immense plaine grise.

D'ailleurs, à quoi bon une autre tentative ? Je me rends compte que j'ai entre les mains un fusil usé, limé quotidiennement depuis des mois par le sable et la poussière. C'est une arme inutile désormais pour le reste de notre séjour, et combien d'autres ne valent pas mieux parmi celles de nos hommes !

Ces sorties fréquentes dans les environs du poste n'étaient pas exemptes de dangers. Même en dehors de toute action de guerre, un crime est vite accompli dans ces solitudes ; la justice humaine n'étend guère sa main jusque-là. Le meurtrier ne voit aucun spectre, loi ou conscience, s'interposer entre la mauvaise pensée et l'action ; le gourdin est une arme prompte et terrible !

Or, ici, la région était encore moins sûre que partout ailleurs, en raison de la frontière voisine et avec la nuée de maraudeurs et de bandits qui rayonnaient aux environs de Figuig comme des abeilles autour de leur ruche. Aussi était-il strictement recommandé de ne jamais s'éloigner seul. Nous organisions toujours nos parties de plaisir par bandes nombreuses, bien armées, et quand nous partions à pied, quelques hommes, chaque fois, nous suivaient prêts à toute éventualité.

Il nous arrivait cependant de manquer de prudence, et je faillis un jour le payer cher. J'étais parti à cheval, un matin, avec le docteur, pour visiter la petite oasis de Mélias, que nous ne connaissions pas encore et qui se

trouve à 6 ou 7 kilomètres environ au nord-ouest de Djenan-ed-Dar. Il nous fallait pour cela faire un détour assez
considérable, de façon à éviter la palmeraie de Beni-Ounif, qui se trouve sur la route à suivre. Nous étions arrivés à peu près à hauteur de ce dernier village, quand
nous aperçûmes tout à coup, débouchant au pas derrière
un monticule, un Marocain à cheval, puis un autre, puis
un troisième, et ainsi de suite jusqu'à six cavaliers, che-
minant dans une direction perpendiculaire à la nôtre. Ils
ne nous voyaient pas. Nous nous étions défilés derrière
un épais buisson de lentisques à moins de 300 mètres
d'eux, et nous espérions déjà passer inaperçus, quand,
malheureusement, le cheval du docteur, flairant sans
doute les juments figuiguiennes, se mit à hennir bruyamment.

Ce fut le signal de la débâcle. Au bruit, les Marocains
s'étaient arrêtés et semblaient considérer avec stupéfac-
tion ces deux roumis aventurés si loin sur leurs parcours
réservés. Leur hésitation, d'ailleurs, fut courte ; d'un
même élan ils se ruèrent sur nous, fondant comme des
vautours sur une proie qui leur semblait assurée. Que
faire ? Résister, il n'y fallait pas penser, et nous ne son-
geâmes même pas à consulter notre amour-propre ; en
moins de temps qu'il ne faut pour le dire, nous avions
fait demi-tour, et nous filions comme des balles, les épe-
rons dans le ventre de nos chevaux, anxieux et talonnés
par la bande marocaine dont nous percevions en arrière
la galopade effrayante et les cris sauvages.

Ah ! la belle chevauchée ! Je parlais plus haut de chas-
ses à la gazelle où nous courions, ivres d'ardeur et d'allégresse, à la suite du troupeau affolé ; mais que dire de
cette envolée extra-rapide, de cette fuite vertigineuse dans
l'immense plaine, sous la menace angoissante de la mort
ridicule et obscure !

Heureusement, nous étions bien montés, et, au bout

d'un kilomètre, les Marocains, jugeant sans doute qu'ils ne nous atteindraient pas, s'arrêtèrent enfin pour nous saluer d'une volée de balles, dont les sifflements rapprochés ne firent qu'accélérer encore notre course. Pour cette fois nous étions sains et saufs, mais nous l'avions échappé belle.

Raid de goumiers.

Peu à peu, l'hiver était arrivé, mais un hiver bénin, sans rigueurs. On pourrait presque dire qu'il n'existe pas dans ces régions à l'atmosphère éternellement douce et limpide, et que c'est seulement un automne ou un printemps très long qui vient s'intercaler entre deux étés. Quelquefois, cependant, un vent assez violent et presque froid souffle du Maroc, soulevant dans toute la plaine des tourbillons de poussière, de cette poussière tenace, aveuglante, qui règne ici en maîtresse et qui est le grand fléau de la région. Parfois aussi, mais plus rarement, quelques nuages perdus viennent assombrir l'horizon et recouvrir de leurs voiles épais la barrière de montagnes qui ferme la direction du nord. Alors la pluie tombe, généralement très fort, pendant quelques heures, une demi-journée au plus.

C'était surtout cela que nous redoutions, et c'était là le sujet de nos grosses inquiétudes quand nous allions chaque matin observer notre baromètre ordinaire, le pic le plus élevé de la chaîne de l'Atlas ; car la terre qui recouvrait nos toits, amollie et délayée par les averses, filtrait à travers les branchages et les charpentes et tombait à l'intérieur de nos logements en larges gouttes de bouillie liquide, causant partout d'irréparables désastres.

Mais aussi, quel beau ciel et quelle atmosphère limpide après le passage de ces brusques ondées ! L'air, éclairci et délivré de ses poussières, devient d'une transparence telle que l'on croirait nager dans le vide.

Les objets les plus lointains, les palmeraies de Djenan-ed-Thorf et de Figuig apparaissent nettes et finement ajourées dans leur verdure éclatante sur l'infini des sables, et les montagnes du nord semblent s'être tellement rapprochées qu'on les croirait là, tous près, presque à portée de la main.

Un matin, vers 10 heures, le poste fut soudain mis en émoi par l'arrivée d'un fort groupe de goumiers, dont personne jusque-là n'avait annoncé la venue. Ils étaient 120, commandés par un caïd à figure intelligente et énergique, et ils mirent pied à terre à l'entrée de la redoute, s'occupant immédiatement à préparer leur repas et celui de leurs chevaux, en gens qui n'ont pas de temps à perdre, tandis que leur chef se rendait rapidement auprès du commandant Dutartre, depuis peu rentré de congé.

Ils n'avaient en effet pas de temps à perdre, car ils étaient envoyés d'Aïn-Sefra à la poursuite d'un fort djich de Berabers qui avait enlevé, l'avant-veille, un troupeau de chameaux appartenant à une de nos tribus, dans le sud de Géryville. Ce djich avait pris, pour rentrer chez lui, la route de l'Erg, passant par conséquent très loin au sud de Duveyrier et de Djenan, et devait forcément, pour revenir dans le nord, franchir la Zousfana quelque part entre Ksar-el-Azoudj et El-Morra. Les goumiers envoyés à leur rencontre sur la ligne de l'oued étaient partis d'Aïn-Sefra la veille à midi. Ils avaient donc parcouru 126 kilomètres en vingt-deux heures et ils repartirent le soir même, un peu avant la chute du jour, dans la direction de Djenan-ed-Thorf et Fendi.

Le lendemain soir, à 8 heures, ils étaient de retour, ramenant les chameaux volés. Ils avaient surpris la bande marocaine au petit jour, alors qu'elle franchissait la Zousfana, à hauteur du djebel Moumen, entre Ksar-el-Azoudj et Hassi-el-Mir. Fondant sur elle comme la foudre, ils l'avaient dispersée, anéantie, et s'étaient emparés du troupeau entier et de quelques méharas appartenant aux Bérabers.

Dans cette randonnée fantastique, ils avaient couvert un parcours de 230 kilomètres en cinquante-six heures, en livrant un combat dans l'intervalle, et, chose extraordinaire, leurs petites juments, si frêles et si fines, semblaient à peine fatiguées. A quoi était dû ce résultat merveilleux ? Il est bien difficile de le dire. Question de race sans doute, question de milieu ; mais ce n'était pas dû assurément aux bons soins de leurs propriétaires, car il est hors de doute que, pour ses serviteurs, le chameau, le cheval, le mulet, l'Arabe n'est ni doux ni humain. Il s'attache à eux en raison de leur valeur marchande et des services qu'il en tire, nullement par des liens d'affection, comme on le croirait. Aussi, sa tendresse pour son coursier est-elle un pur mythe, dans le sens où on la prend chez nous. Il tient à son cheval, il est vrai, il en est fier ; c'est l'emblème et l'attestation de son rang élevé ; mais il le choie peu, ne le caresse jamais, et, pour la plus petite satisfaction de vanité, le surmène de gaieté de cœur, le rend fourbu et l'abat.

Il est cavalier comme un centaure, d'une solidité à toute épreuve, mais sans la moindre teinture d'équitation. Il dispose de bêtes inappréciables, douées d'un fond sans égal, mais il y met si peu d'art et de ménagement, qu'il leur fait dépenser en pure perte la force nécessaire à accomplir ce qu'il leur demande.

Il n'épargne ni les arrêts brusques, ni les terrains meurtriers, ni les détours, ni cette éternelle fantasia, la ruine des jarrets. Le cheval est oublié et sacrifié dans ces moments de transport ; qu'importe qu'il crève ! La poudre a parlé, la gazelle est lancée ; un rival gagne du terrain ; l'éperon frénétique laboure les flancs du coursier ; le

.mors, affreux engin de supplice, lui déchire la bouche, lui brise les barres ; il n'en peut plus, l'air siffle à travers ses naseaux sanglants ; qu'il meure, mais qu'il arrive !

On comprend combien ces ivresses doivent être funestes à la race chevaline. Elle se maintient pourtant fort belle dans le Sahara, grâce à un sang magnifique ; mais que nous sommes loin de cette tradition littéraire : l'Arabe et son coursier !

Ici, je vois gémir, non sans raison, les hippophiles. Mais décidera-t-on qui est dans le vrai, du turfiste qui élève dans du coton des mécaniques de chair et d'os, propres au plus à fournir dix lieues tous les ans, ou du nomade furibond qui tire de sa maigre jument un maximum inouï de parcours et de vitesse soutenus ! Je penche pour celui-ci ; c'est un vrai cavalier. Mais ce n'est pas un amateur, encore moins un ami des chevaux.

Le type du cavalier arabe, prodigue envers son cheval de tendresse et de soins, est de pure fantaisie. L'Arabe ne saurait aimer un être inférieur ni s'apitoyer sur une créature dépourvue d'âme. S'il méprise la femme, quel cas doit-il faire de la bête ?

Le ramadan.

Dans les premiers jours de janvier commença le ramadan, cette période de carême musulman où tous les fidèles adorateurs d'Allah se livrent au jeûne absolu, du lever au coucher du soleil, pendant une lune entière. Cette pratique, très régulièrement suivie par les indigènes civils dans les centres du Tell, où le canon annonce chaque jour le commencement et la fin des réjouissances, l'est beaucoup moins, par contre, dans les régiments de tirailleurs.

Il n'est fait cependant aucune pression : chaque homme reste libre d'accomplir comme bon lui plaît les rites de son culte, et ses deux rations journalières lui sont soigneusement réservées pour les repas de la nuit. Pourtant, d'année en année, le nombre des jeûneurs diminue. Au début de la période, lorsque l'on demande dans les unités le nom des tirailleurs qui veulent pour le soir seulement la double ration, il s'en trouve généralement de 60 à 80, des jeunes surtout ; puis, au bout de huit jours, ce chiffre est tombé à 50 ; quelque temps après il est réduit à 15 ou 20, et il est bien rare que les derniers fidèles ne capitulent pas un beau jour, avant que la pénitence ait officiellement pris fin.

Cet état de choses tient-il à la rude existence que mènent les tirailleurs, à côte de la vie contemplative et paresseuse qui est celle de la plupart des Arabes ? Peut-être. Et pourtant j'ai vu des moissonneurs, des ouvriers marocains, attelés à un travail pénible sous l'écrasant soleil d'été, rester des journées entières sans manger ni boire jusqu'à la tombée de la nuit.

D'ailleurs, pour peu que l'on observe, le même relâchement se remarque dans la population civile, plus discret peut-être et plus difficile à voir, parce que plus caché. Les indigènes un peu cultivés, tout en n'abandonnant rien de leurs croyances, pratiquent moins ostensiblement et quelquefois même ne pratiquent plus du tout.

Au fond, je crois que l'Arabe n'est plus aussi fanatique qu'on se le figure. Les prescriptions du Prophète, à part le carême, sont, au demeurant, douces et complaisantes. Les fidèles ont peu de peine à remplir leurs devoirs, et leurs passions n'en sont guère gênées, tant s'en faut. L'islamisme ne vibre que lorsqu'il se croit menacé, ou, comme autrefois, quand il veut s'imposer. Il inspire une tendresse très ordinaire dans la paix ; mais, comme il renferme tout ce qui fait la société, il résiste terriblement s'il est attaqué.

Sa période de prosélytisme est passée ; il ne demande

plus que l'inviolabilité, et, dans l'inaction, il a peine à se conserver intact. N'est-ce pas un présage ? L'Arabe n'est plus le sectaire farouche des premiers siècles de l'hégire ; c'est un homme paisible qui ne raisonne pas sa croyance, la tient pour excellente sans s'inquiéter de ce qu'on en pense ailleurs, et n'aime pas à être dérangé. Il méprise parfaitement tous ceux qui ne partagent pas sa foi, mais il ne leur en veut pas pour cela.

S'il se méfie des étrangers, la raison en est simple : comme il n'a jamais entrepris de conquêtes que pour planter le croissant sur les villes prises, il s'imagine naturellement que les Européens ne voyagent que pour la croix et n'ont d'autre but, en venant chez lui, que de lui imposer la messe et le culte des images, préjugé qui tend à s'effacer. Notre extrême tolérance a porté ses fruits et les Arabes, qui ne tremblent plus pour leurs mosquées, les fréquentent maintenant modérément.

Il est vrai qu'ils continuent à nous appeler « chiens de chrétiens », qualification malséante, qui jadis ne s'adressait qu'à la race infidèle ; aujourd'hui, le mépris porte bien plutôt sur le fait qu'ils nous croient tous athées, ce qui les scandalise beaucoup. L'idée monothéiste, qui n'est pas compliquée chez eux par des notions de trinité, a une intensité remarquable qu'exprime bien la formule des Sourates : « Louange au Dieu unique et miséricordieux ! » Méconnaître ou traiter à la légère la souveraine puissance leur paraît le comble de la dégradation humaine. Aussi méprisent-ils bien plutôt notre impiété que notre religion, qui ne leur paraît pas, sur plus d'un point, très différente de la leur. Ils savent que les Français adorent comme eux le Dieu de Moïse, mais ils trouvent qu'ils ne l'adorent pas assez, car ils remarquent parfaitement qu'on ne voit jamais un homme faire sa prière et que les femmes seules vont à l'église.

C'est donc plutôt les libres-penseurs que les chrétiens

qu'ils appellent chiens ; ce qui le prouve, c'est leur respect pour les ecclésiastiques, qui sont leurs adversaires dogmatiques, mais avant tout des hommes de Dieu.

La relève.

Le 15 février, le courrier nous apporta une nouvelle sensationnelle ; le 1er bataillon, dont la relève était décidée, allait remonter vers le Tell, remplacé par le 5e dans l'occupation des postes du Sud. Nous devions nous embarquer le 25 à Duveyrier, où la voie ferrée était ouverte depuis quelque temps déjà, et de là être transportés sans arrêt jusqu'à Mostaganem, notre garnison future.

Nous accueillîmes cette annonce avec une joie sincère, joie comparable à celle que nous avions éprouvée au départ de Tlemcen. Après onze mois de privations et de souffrances, terminés par le séjour maussade et peu glorieux de Djenan-ed-Dar, il nous semblait à tous qu'il était temps d'aller nous retremper dans le Tell, en vue d'autres départs et d'autres opérations plus lointaines encore, que l'on commençait à prévoir pour les années suivantes.

Les derniers jours nous parurent longs, interminables, et ce fut d'un cœur léger que l'on partit enfin pour aller retrouver, en train spécial, des régions plus vivantes et plus hospitalières.

Je terminerai ici ce livre, glane modeste d'impressions et de souvenirs. Comme je n'ai jamais eu l'intention de traiter en détail la question sud oranaise, il me paraît inutile de relater les événements qui survinrent par la suite. D'ailleurs ils se bornèrent, pendant quelque temps encore, à organiser des postes et à escorter des convois, et chacun, dans ce rôle plus ou moins brillant, remplit tout son devoir comme nous l'avions fait nous-mêmes, c'est-à-dire sans beaucoup de gloire peut-être, mais non sans abnégation.

Vers la fin de l'année, la récompense tant attendue arriva ; un décret du Président de la République nous accordait à tous la médaille coloniale avec l'agrafe : « Sahara ».

TABLE DES MATIÈRES

Paris et Limoges. — Imp. milit. Henri Charles-Lavauzelle.

Observations sur la guerre dans les colonies (organisation, exécution), conférences faites à l'Ecole supérieure de guerre, par le lieutenant-colonel DITTE, de l'infanterie coloniale. — Volume grand in-8° de 368 pages, avec 13 gravures dans le texte............................. ...... 7 50
(Ouvrage honoré d'une souscription du ministère de la guerre.)

Essai sur la défense des colonies, par le capitaine FERRADINI, de l'infanterie coloniale, breveté d'état-major. — Volume in-8° de 188 pages, avec 12 croquis dans le texte............................. 3 »

Colonisation militaire, par le capitaine CONDAMY, de l'infanterie coloniale, section technique des troupes coloniales. — Volume in-8° de 108 p.. 2 50

Etude sur les différents systèmes de colonisation militaire expérimentés en France et à l'étranger, par le capitaine CONDAMY, de l'infanterie coloniale, état-major du corps d'armée colonial avec une préface de M. L. HUBERT, député, vice-président de la commission des affaires extérieures et coloniales. — Volume in-8° de 154 pages.............. 3 »

Petit manuel du chaufournier colonial, par J. PLEYBER, officier d'administration d'artillerie coloniale, section des conducteurs de travaux. — Brochure in-8° de 32 pages..............................'.............. » 60

Instructions pour la récolte et la conservation des échantillons géologiques dans nos colonies, par M. Stanislas MEUNIER, professeur de géologie au Muséum d'histoire naturelle, membre du conseil technique de l'agriculture coloniale. — Brochure in-8° de 16 pages............ » 50

Trois colonisateurs : Bugeaud, Faidherbe, Galliéni, par le capitaine FRŒLICHER, ancien officier de l'armée d'Afrique. — Volume grand in-8° de 370 pages avec 3 photogr. et 4 cartes dans le texte.............. 5 »
(Ouvrage couronné par la Société de propagande coloniale et honoré d'une souscription du ministère de la guerre.)

Etude sur l'admission et le séjour des indigènes dans les hôpitaux et sur l'organisation d'hôpitaux spéciaux pour les malades, par P.-E. CECCALDY, officier d'administration de 1re classe du service de santé. — Brochure in-8° de 20 pages.............................. 1 »

L'Européen sous les tropiques. *Causeries d'hygiène coloniale pratique*, par le docteur A. BONNAIN, médecin-major de 2e classe des troupes coloniales. — Volume in-8° de 114 pages avec de nombreuses photogravures dans le texte.............................. 6 »

Habitations coloniales, par le capitaine CONDAMY, de l'infanterie coloniale, à l'état-major du corps d'armée colonial. — Brochure in-8° de 46 p.. 1 »

Les transports dans les expéditions outre-mer, par le général LUZEUX. — Brochure in-8° de 20 pages.............................. » 50

Projet d'organisation d'armée coloniale, par le général LUZEUX. — Brochure in-8° de 52 pages.............................. 1 »

Bases pour servir à la constitution d'une solide armée coloniale dans les conditions les plus économiques, par le capitaine HART. — Brochure in-8° de 72 pages.............................. 1 50

A propos d'une armée coloniale, par LESPIAU, général de division en retraite. — Brochure in-8° de 32 pages............................. 1 »

Le départ en campagne en Europe et aux colonies, par le commandant COUMÈS. — Volume in-32 de 128 pages, relié toile........ .... 1 50

Souvenirs d'un officier d'infanterie de marine, par le commandant THIRION. — Volume in-8° de 272 pages.............................. 3 50
(Ouvrage recommandé par le ministère de l'instruction publique pour les bibliothèques de quartiers et les distributions de prix des classes supérieures, classes de philosophie et cours de Saint-Cyr, des lycées et collèges de garçons.)

www.ingramcontent.com/pod-product-compliance
Ingram Content Group UK Ltd.
Pitfield, Milton Keynes, MK11 3LW, UK
UKHW022208120726
13694UKWH00002B/461